難病患者福祉の形成

──膠原病系疾患患者を通して──

推薦のことば

　本書は、法的根拠を欠いた難病行政のもとでの矛盾に対し、患者自らが人権意識を持って、自らの命と暮らしを護るための"患者福祉"の追究をいかに希求、形成してきたかの展開を探究したものである。
　本書の第一部は、すでに長崎純心大学大学院に、博士論文として提出され、とくに以下の三点が評価されて、学位論文にふさわしいとの結論に至り、博士（学術・福祉）が授与された。
（1）福祉の視点からの難病に関する先行研究はないに等しい。
（2）患者運動ならびに患者からの聞き取りなど第一次資料を活用しての論文である。
（3）「生きる価値」への追求を、患者福祉の本質として探求している。
　なお、この論文については、今後への期待と意見がのべられたことも付け加えたい。
（1）「生きがい」「生きる価値」への探求をさらに深めること。
（2）看護学と患者福祉学の視点の相違点を、より明らかにすること。
（3）難病対策への、国際比較を行うこと。
　本書は、以上の意見と期待に対して、いづれも可能性をはらんだものであり、今後の関係研究者にとって、充分に役立つものである。
　著者の今後の努力を期待して、本書の推薦にかえたい。

2006年8月1日

一番ヶ瀬　康子（長崎純心大学大学院教授）

難病患者福祉の形成
―膠原病系疾患患者を通して―

目　次

推薦のことば …………………………………………一番ヶ瀬康子…… 3

第一部

序　章　難病研究の目的と方法……………………………………………11
　第1節　難病研究の目的と意義……………………………………………13
　　1. 問題の所在　13
　　2. 研究の目的　15
　　3. 研究の動機と意義　16
　　4. 研究の対象と方法　19
　　5. 論文の構成　20

　第2節　難病研究の4つの系譜と課題 ……………………………………22
　　1. 難病患者の疫学的動向　23
　　2. 難病対策とその関連事業　26
　　3. 在宅療養環境の整備―生活の構築支援　28
　　4. 障害受容とQOL　30
　　5. 難病研究の課題　33

第1章　社会防衛から難病患者福祉への移行……………………………43
　第1節　難病患者運動への助走 ……………………………………………47
　　1. 難病患者運動の契機　48
　　　1）戦前の疾病対策と患者運動

2）日本患者同盟の結成と朝日訴訟
　2．難病患者運動の促進　52
　　1）スモン患者発生の拡大化と「スモン調査研究協議会」の発足
　　2）患者組織「スモンの会」結成
　小括　56

第2節　難病患者福祉への移行 …………………………………………57
　1．スモン患者運動から難病患者の組織化　57
　　1）「スモン調査研究協議会」の原因究明とその功績
　　2）スモン患者運動の促進と分裂
　　3）難病患者の組織化と「全国難病団体連絡協議会」の誕生
　2．『難病対策要綱』策定による患者福祉サービスの始まり　64
　　1）『難病対策要綱』の策定とスモン患者救済
　　2）医療費問題と患者福祉サービス
　3．スモン患者運動の影響と果たした役割　67
　小括　68

第2章　難病患者福祉の確立と展開 ………………………………………79
第1節　難病患者福祉の充実・拡大 ……………………………………83
　1．スモン患者運動の展開と再組織化　83
　　1）スモン患者運動の積極的展開
　　2）「全国スモンの会」の分裂と「スモンの会全国連絡協議会」の誕生
　2．スモン裁判と生活保障の獲得　86
　　1）スモン裁判とその経緯
　　2）判決と和解、その影響
　3．裁判の終結と積み残された問題　90
　小括　91

第2節　難病患者福祉の展開 ……………………………………………93

1.「日本患者・家族団体協議会」の誕生と患者運動の展開　93
　　　1)「日本患者・家族団体協議会」の誕生
　　　2)「日本患者・家族団体協議会」における患者運動
　　2.難病対策と難病対策専門委員会　94
　　　1) 難病対策の展開
　　　2) 難病対策専門委員会による難病対策の検討と実施
　　小括　97

第3章　難病患者福祉の再考 …………………………101
第1節　今日の難病対策の現状 …………………………103
　　1.難病対策における難治性疾患患者福祉としての公平化　103
　　　1) 難病患者認定適正化事業と難病対策専門委員会
　　　2) 医療費改正とその影響
　　2.今日の難病対策の問題点　108
　　　1) 難病認定基準の問題点
　　　2) 医療費の自己負担導入の問題点
　　3.病気の不確実性と難病対策　113
　　小括　116
第2節　患者組織における難治性疾患患者福祉運動の展開 ………118
　　1.「日本難病・疾病団体協議会」における患者福祉運動　118
　　2.難病相談・支援センターと全国難病センター研究会　119
　　　1) 難病相談・支援センターの誕生
　　　2) 難病相談・支援センターと全国難病センター研究会
　　3.地域難病団体における患者福祉運動　120
　　小括　121

第4章　膠原病系疾患患者の生活の実態
　　　　　―生きることの価値を求めて ………………………125
第1節　膠原病系疾患患者の生活問題とその構造 ………………128

1. 先行研究に見る難病患者の生活問題　128
　　2. 膠原病系疾患患者の生活問題の特質とその構造　129
　　小括　131
　第2節　難病を生きることの価値 …………………………………………133
　　1. 難病を生きる支え　133
　　2. 難病受容　136
　　3. 難病が患者に与える価値　140
　　小括　142

終　章　結論と今後の課題 ………………………………………………147
　第1節　難病患者福祉の形成への希求 ………………………………149
　　1. 難病対策の問題点と課題　149
　　2. 難病患者福祉とその形成要因　151
　第2節　今後の課題 ……………………………………………………154

第二部

難病患者の経済的負担要因とその影響
―膠原病系疾患患者の事例を通して― ………………………………159
障害を受容し生きることの意味について
―ある膠原病患者の療養生活史を通して― …………………………173

資料1. 調査概要と事例紹介　195
資料2.「難病30年の研究成果」の概要　197
資料3. 難病（特定疾患）の歴史　198
資料4. 難病対策（専門）委員会の経緯　206
参考及び引用文献 ……………………………………………………………210
あとがき ………………………………………………………………………217

第一部

序章　難病研究の目的と方法

序　章　難病研究の目的と方法

第1節　難病研究の目的と意義

1．問題の所在

　難病対策は、1972（昭和47）年のスモン[1]発生を契機に旧厚生省の事業の一環として『難病対策要綱』策定をもって始まった。それ以来、患者の強い希求にもかかわらず法制化されないまま約30年が経過している。この間に難病患者は年々増加し、行政による原因究明と医療・福祉施策の充実が図られてきた。しかし、難病対策は近年の医療技術の進歩や、社会情勢の変化とそれに伴う財政難等の影響を受けて厳しい局面を迎え、再考が求められている。そのことを本研究は特に福祉の視点から捉える。

　「難病」[2]とは、特定の疾患を指す医学用語ではなく、『難病対策要綱』に定める2つの条件を満たす疾病を総称した行政用語で、「特定疾患」とも呼ばれる。この条件とは、①原因不明、治療法未確立であり、かつ、後遺症を残すおそれが少なくない疾病、②経過が慢性にわたり、単に経済的な問題のみならず、介護などに著しく人手を要するために家庭の負担が重く、また精神的にも負担の大きい疾病、である。そして、これらにかかる疾病に対し、現在、①調査研究の推進、②医療施設などの整備、③医療費の自己負担の軽減[3]、④地域における保健医療福祉の充実・連携、⑤生活の質（略称・QOL；Quarity Of Life。以下、QOL）の向上を目指した福祉施策の推進、の5つの柱で対策が進められている。なお、脳卒中、心臓病、精神病などのように別の対策があるものはこの対象から除外されている。[4]しかし、この難病対策の定義については難病を認定する場合の疾病の範囲に止まり、行政として具体的に定めるための理念及び基準が明示されていないなどの批判もある。[5]

　難病は、2005（平成17）年4月現在において、ベーチェット病や多発性硬化症など121疾患が含まれる難治性疾患克服研究事業（特定疾患調査研究分野）対象疾患[6]と、その中の45疾患を指す特定疾患治療研究事業対象疾患に区分

される。一般に、難病と呼ばれる場合は後者の45疾患を指す。これら45疾患は医療費の公費負担の対象になっており、対象基準を満たした認定患者は全国に約54万人（平成16年度末）いる。しかし、難病であっても何らかの理由等により認定を受けていない患者が多く存在するとも言われている。[7] また、難病は原因不明と症状の寛解・増悪を特徴とするが、難病研究班の功績と対症療法の進歩に伴い、患者の延命による在宅療養期間の延長や高齢化が見られる。[8] したがって、患者及び家族の生活問題は複雑・多様化し、いまや医療主導の対策だけでは解決できない状況にある。さらに、厚生労働省の方針として、難病患者間あるいはその他の予後不良の患者等とのサービスの公平性[9]を盾に認定患者の縮小及び重度化、そして医療費の公費負担の縮小を現実化させている。近年では、難病の遺伝子診断と遺伝子治療は有望な先端医療として急速に研究が進んでいるが、遺伝自体に対する家族間の確執や妊娠前の遺伝子操作の恐れ、患者の遺伝子情報による保険加入や就職時の不当利用及び遺伝的差別の発生の恐れなどがあると危惧されている。[10,11]

以上のように、難病対策は多くの課題を抱え、これに伴い難病患者にとっても暮らしにくい生活環境に置かれていると言える。

なお本論に入る前に、これから使用する語句の理解・統一を図っておきたい。

まず『病気』について、本研究の中では病気をもつことによって及ぼされる様々な生活問題を含め意味拡大して捉える。これに類似する語句として「疾患」や「疾病」があるが、これらは医学的に診断される病名や症状として捉える。[12] 次に『生活問題』について、難病対策は患者らの様々な生活の困難に対し自らの命と暮らしを護るという人権意識の中で運動として進められてきた。したがって、本研究における『生活問題』とは人権を基盤とし、自らの命と暮らしを自衛することが困難な状況をつくる要因と仮定する。[13] さらに『自律』について、社会経済的あるいは単に日常の生活を送るに止まらず、自らの命と暮らしを護るという主体的な生き方あるいは精神と仮定する。[14] 最後に『患者福祉』について、我が国が高度経済成長の途にあるとき、医療技術および医薬品の研究・開発の急進展は時に「患者不在の医療」を招

いた。つまり本来あるべき患者主体の医療という観点から外れ、研究・開発に埋没する傾向にあった。当然これに対する批判や反省もあった。サリドマイド事件や、難病対策のきっかけをつくったスモンを見ても明らかである。その後、医療や福祉的な措置によって患者は保護されてきた。したがって、本研究における『患者福祉』とは、患者主体の医療・福祉であり続けるために、これまでの保護される客体的存在に止まらず、患者自らも努力し、主体的に生活の安定を図ることを支援するための政策であると仮定する。[15]

おわりに、本論文では、テーマをはじめ文中においては一般に呼ばれる難病に罹っている「患者」という名称を使用する。医療の現場においては、病気をもつ者はすべて医師及び医療関係者に対する対象として「患者」あるいは「クライアント（Client）」、「対象者」という名称で位置づけられている。これに対し、福祉の現場においては、「患者」ではなくサービスを受ける「利用者」あるいは「当事者」という名称で位置づけられているところが一般的である。先行研究等のテーマを見ると、「療養者」や「難病者」という名称を使用しているものも若干見受けられる。また、当事者団体では「患者団体」として位置づけるとともに、患者自らも「患者」と呼称する。したがって、本論文が福祉論文であるならば、当然「患者」という名称はふさわしくないと指摘を受けるであろう。しかし、医療を受けながら、かつ福祉サービスも受けていかなければ自らの命も暮らしも護れない状況下にあることを考えるならば、現段階で決定づけることは容易でない。今後、難病患者に関する福祉研究が多く出てくる中で、また時代の変化の中で今後の検討課題としていきたい。

2．研究の目的

本研究は、問題発見型研究として位置づけるとともに、社会福祉においてはこれまで取り組まれることの少なかった難病患者に視点をおき、「患者福祉」という位置づけを明確にするための研究の第一歩である。つまり難病患者の生活実態を視点に、これまでの難病患者運動の歴史と実践を振り返り、それらを通して分析を加えることにより新たな難病患者福祉の形成の必要性

を追究する。これは、今後社会福祉において取り組まなければならない一領域としての患者福祉学の形成に繋がることを目的とする。

したがって、本研究では以下3課題を設定する。
①難病患者運動とそれに追従して形成されていく難病対策とその問題点を明らかにする。
②膠原病系疾患[16]をもつ難病患者の事例を中心に生活の実態を明らかにし、その上で難病を生きる価値について考察する。
③以上の二点を通して、新たな難病患者福祉の形成の必要性を分析する。

なお膠原病系疾患患者の事例を中心に取り上げる理由について、膠原病系疾患の多くが難病に含まれ、したがって患者も多い。特に若年層の在宅療養患者及び療養期間の割合が他の難病に比較して多く、そして長いことは明らかである。したがって、介護度が高く、療養期間が短く、高齢者層の多い神経系疾患患者とは異なった、福祉が担わなければならない課題も多いと考えた。[17] また、患者組織の結成も比較的早く、[18]膠原病系疾患患者運動は難病対策の契機となったスモン患者による運動後の全難病患者運動に連動して今日に至る経緯をもつ。

3. 研究の動機と意義

本研究の動機として以下3点が挙げられる。

第一に、筆者自身、これまで機会あるごとに当事者団体の協力のもと活動に参加し、患者の生活の実態に直接ふれる場を多く頂いた。その中で、多くの患者が病気に苦しみながらも今以上に暮らしの質を高めていこうとする姿をみることができた。同時に、これまでの難病対策に疑問を感じる機会となった。つまり福祉施策の充実を謳いながらも、実態は疾患やその重症度を重視し、本来福祉が担わなければならない生活の視点が失われているのではないかという疑問であった。特に、福祉サービスの対象から漏れた患者らの生活の苦しみや不安に接した時、これまでの患者福祉への疑問と新たな患者福祉の形成の必要性を強く感じた。

第二に、1993（平成5）年の障害者基本法第2条「定義」に関連して附帯

決議では、難病患者が障害者として位置づけられた。[19] これにより国は難病対策委員会を設置し、『難病対策要綱』に基づく検討を重ねると同時に福祉施策を推し進めてきた。しかし、政策上の努力は一応されてきたとはいえ患者アンケート調査の内容[20]を見る限り、患者サイドにとっては実感が薄く、生活上の問題は絶えないと考えられている点に注目した。たとえば、患者の訴えの中で「経済的問題の解決」「家族や社会の理解」「雇用促進と自立」を求める声が多い。その背景には、不確実で治療困難な慢性の病気であるが故に生じる就労問題等が重なり、自律できないまま家族に経済的・精神的負担をかけて自宅療養を行っているケースが多い。また、膠原病系疾患などに見られる特徴の1つとして20～40歳代の女性の発症率が高い。その中で、既婚者の場合は離婚や家庭内別居の傾向が強く、その背景には深刻な生活問題があると言われる。[21] このように、患者の訴えがどのような生活環境下で表出してくるのか、その根源を明らかにしなければならないと考えた。

　第三に、難病対策が開始されてより約30年の歳月が流れ、いま1つの節目を迎えている。2001（平成13）年9月に開催された難病対策委員会設置の目的を、「既に一定の治療法が確立した対象疾患があるとの研究報告が出されたことや、本事業が法律によらない非制度的補助金に整理されており、将来的にも財政構造改革法に沿って削減の対象となっていることなどから事業を見直し、その安定化を図ることが必要となっている」としている。[22] これは国の医療費負担の軽減と、それに伴う各自治体への負担増大を意図する提示であり、患者あるいは当事者団体にとっては難病認定の取り消し、医療費の自己負担増大、それらから波及する種々の生活問題等に危機感を感じざるを得ない深刻な問題提示であった。その後2002（平成14）年の中間報告では、公的医療費負担という本来の目的である原因追究や研究体制の整備などに立った考え方の明確化の必要性等が挙げられる。翌2003（平成15）年4月には、医療費の一部自己負担制度から所得に応じた応益負担制度への対策の切り替えが行われた。[23] このように医療費問題を例として、今後難病対策は厳しい状況に立たされ、患者の生活への影響も大きくなることが予測される。したがって、社会福祉への期待も大きく、また多くの課題が提示されてくるもの

と考えた。

　以上3点の動機に基づき本研究を進める。

　さらに本研究の意義として、以下2点の視点から導かれる。

　第一に、福祉領域にある者の福祉研究である。日本難病看護学会の報告[24]によると、これまでの難病研究の約90％は医療職によるもので、福祉職による研究はわずか約3％と福祉関連の研究は極めて少ない。研究の傾向は神経系疾患患者の看護及びケアに集中している。特に、呼吸障害による人工呼吸器装着患者の居宅長期療養上の支援システム（サービス提供システムやニーズ把握、ネットワークなど）に関する事例研究が多く、しかも年々増える傾向にある。言い換えれば、研究の多くが医療・看護の視点から見た生活問題研究とも言え、福祉本来が担わなければならない課題の追究とは異なる。社会福祉学とは、人の生活全般を捉え、人権を基盤として人間としての生き方、あるいは人間らしい暮らしを追究する学問である。[25] 一方、医療・看護の中心課題は、ナイチンゲールも述べているように患者のエネルギーの消耗を最小限に止めながら命を守り健康の維持・増進に努めることであり、常に身体の健康から切り離して考えることはできない。したがって、本研究が社会福祉学の領域から難病患者の生活の実態にふれることは大きな意義をもつと考える。

　第二に、患者福祉の明確化である。医療を必要とする患者は、近年の研究班の功績と対症療法の進歩に伴い、患者の延命による在宅療養期間の延長と高齢化が見られる。このことは患者及び家族の生活問題を複雑・多様化させ、医療主導の対策では解決できない状況にある。したがって、保健・医療・福祉の連携によるサービスの必要性、地域福祉の充実が叫ばれて久しい。同時に、施設から在宅療養への切り替え政策が進められることにより医療施設の機能は変化している。特に、入院患者は重度化し、医療・看護サービスの占める割合が大きくなっている。したがって、医療従事者は患者の病気によってもたらされる生活問題に対し、きめ細かな支援を行うほどの時間が持てない状況になっている。一方、医療施設に常駐するソーシャルワーカーもきめ細かな生活支援を行えるだけの人員確保には至っていない。さらに、地域においても在宅難病患者に対する生活支援のシステム化はほとんどされていな

いのが現状である。このような実態に対し、難病患者らはこれまでのように難病対策に期待を持って待つという余裕が持てないほど追い込まれた状況にあると言える。このことから、自衛のための小規模な組織的活動へ乗り出そうとしている地域難病団体もある。したがって、難病患者の生活の実態から患者福祉を考え、明確化することに大きな意義をもつと考える。

4. 研究の対象と方法

　研究対象は、膠原病系疾患患者を中心とする難病患者運動と政策の形成及び生活実態である。また、研究方法は文献と難病患者の闘病記関連、難病患者への半構造化面接法による聞き取り調査記録のまとめである。

　資料について、社会福祉領域における難病患者に関する先行研究はわずか約3％という報告からも非常に少なく、さらに本研究がめざす患者福祉学研究は皆無と言える。唯一、行政学領域から衛藤幹子の難病対策による患者組織の政策参加に関する研究があり、[26] 本研究をまとめるにあたり参考資料とした。報告書では厚生労働省特定疾患調査研究班報告書や患者団体の調査報告書、雑誌等では日本難病看護学会誌や日本公衆衛生雑誌、ジュリスト、患者団体の機関誌、著書では患者団体の出版物や医療政策関連図書、スモン裁判に関する図書等があり、参考とした。特に、本研究を進めるうえで欠かすことのできないスモン裁判の経緯については、実川悠太らによるスモン裁判の詳細な記録が参考の中心となった。[27]

　また、聞き取り調査記録から引用した事例の中心は、2000（平成12）年9月から2005（平成17）年11月まで継続的に行ってきた、20歳以上の膠原病系疾患をもつ人の中から8例を取り上げ、その聞き取り調査の筆記記録とテープ記録からの抜粋である。なお、調査依頼の方法に関しては膠原病友の会を介して行い、その際、プライバシーの保護に留意し、研究以外では使用しない旨を条件として許可を得た。事例の概要については、巻末資料1「事例の概要」としてまとめた。

5. 論文の構成

　本研究は、序章、終章を含む6つの章から構成される。うち4つの章を含む本論は、「難病患者福祉の形成」として難病の歴史における患者運動と、それに追従して形成されていく難病対策とその課題、そして膠原病系疾患患者を中心とする難病患者の生活実態を明らかにする。まず第1章から第3章にかけては、難病患者運動と政策形成により想定される患者の生活の変化を基準に大きく三段階に時期区分して段階的に見ていく。次に、第4章では事例等を通して難病を生きることの価値について理解を深める。終章である結論では、まず今日の難病対策の問題点を明確にした上で今後の難病対策の在り方について整理し、新たな難病患者福祉の形成の必要性について考察を深める。

　本論4つの章の概要は以下の通りである。

　第1章「社会防衛から難病患者福祉への移向」では、まず戦前の患者運動に遡り、その患者運動の教訓が一貫して戦後の患者運動、次いで難病患者運動へと引継がれていく状況を述べる。つまり社会防衛から患者福祉への転換の状況を明らかにする。次に、難病においては後に薬害と分かるスモン患者に影響を与え、感染説が有力視される中で起こる社会疎外や、それによって生じる生活上の困難な中で運動として高まり、やがて患者組織である「全国スモンの会」結成に至る状況を明らかにする。さらに、スモン患者運動に励まされ、生活保障獲得のために他の難病患者とともに患者組織「全国難病団体連絡協議会」を立ち上げ、『難病対策要綱』策定を促し、医療費の全額公費負担という直接的患者福祉サービスを獲得していく状況を明らかにする。

　第2章「難病患者福祉の確立と展開」では、まずスモン患者の熾烈な裁判闘争を経て障害年金などの「恒久補償」と「薬事二法（薬事法改正、医薬品副作用被害救済基金法）」という、薬害根絶の二つの施策の確立を導くまでの状況を明らかにする。次に、難病患者運動の影響を受けて難病対策が充実・拡大されていく中で新たな全国患者組織である「日本患者・家族団体協議会」を立ち上げ、難病患者運動から難治性疾患患者運動へと変換し展開していく

状況を明らかにする。さらに、これまで患者サイドにとっては直接的患者福祉サービスとして捉えられていた医療費の全額公費負担制度が財政難を楯に崩され、患者らの福祉後退の危機感が現実化していく状況を明らかにする。

第3章「難病患者福祉の再考」では、まず財政構造改革に伴う医療費制度改正をきっかけに、難病対策の改善を求める患者運動が活発化していく状況を明らかにする。特に、「日本患者・家族団体協議会」からさらに拡大された全国患者組織である「日本難病・疾病団体協議会」の難病患者運動と、地域に散在する地域難病団体の患者運動を取り上げ、新たな難病患者運動へ向かう状況を明らかにする。

第4章「膠原病系疾患患者の生活の実態」では、まず膠原病系疾患患者の聞き取り調査の結果から生活問題の特質とその構造、さらに難病対策の後退の状況を明らかにする。次に、事例を通して難病を受容する意味と難病が患者に与える価値、つまり生きる価値との関係性について考察を深め、これからの難病対策のあり方、新たな難病患者福祉の形成の必要性について考察を深める。

第2節　難病研究の4つの系譜と課題

　2002（平成14）年の日本難病看護学会の報告によれば、福祉職による難病研究はわずか約3％である。しかし、難病に関する研究は年々着実に増えている。

　その発端の第一に、1996（平成8）年、日本難病看護学会として学術集会を開催することになった影響があるものと考える。この学会の前身は、1979（昭和54）年に始まった難病看護研究会である。昭和40年代から起きた公害や薬害による健康被害者に対し、看護職者と医師らは共同で当事者の健康問題に取り組みながら生活及び活動の支援を行っていた。この活動に参加していた看護職者が、難病患者とともに研究会を立ち上げたが、この研究会は、さらに全国に散在していた在宅難病患者を支援する看護職者によって組織化された。[24] これが難病看護研究会であり、のちに日本難病看護学会に引き継がれて今日まで研究が継続されている。

　第二に、医療診断技術の進歩や情報の普及は、難病患者数の増加を促すとともに、療養上の様々な問題にぶつかる機会が多くなり、研究の必要性が出てきたものと考える。

　第三に、患者増加とその問題性から、1994（平成6）年の地域保健法によって難病対策が保健所の事業として法的に位置づけられた。次いで、1989年の『難病対策要綱』の第4の柱として「地域における保健・医療・福祉の連携」、1996年の第5の柱として「QOLの向上を目指した福祉施策の推進」が加わり、研究者間で難病研究の必要性が認識され出したものと考える。

　研究の傾向は、神経系疾患患者の看護及び介護に集中している。特に、呼吸障害による人工呼吸器装着患者の居宅長期療養上の支援システム（サービス提供システムやニーズ把握、ネットワークなど）に関する事例研究が多く、しかも年々増える傾向にある。[24] そこで、本研究における先行研究は福祉職の研

序　章　難病研究の目的と方法

究に止まらず、難病患者に関する先行研究として捉えた。さらに、その内容が福祉的視点、つまり患者の生活に立脚した研究内容であるかという観点で絞り込みを行った。当然ながら、本研究の主題である難病患者福祉あるいは患者福祉を主題にした先行研究は邦文論文に認めることが出来なかった。次いで、インターネットのPub Medを用いて海外論文をMedline上で調査したが、これに関するものは認めることができなかった。また、本論文の中で取り上げる難病患者運動及び難病対策に関し、始まりから今日までの一連の流れについてまとめられた先行研究も認めることが出来なかった。しかし、近いものとして唯一、衛藤幹子の『医療の政策過程と受益者―難病対策による患者組織の政策参加―』がある。これは、行政学領域からの医療政策研究として難病対策の政策過程をまとめたものである。つまりスモンの発生から1990年ごろまで主体的アクターとして積極的に重要な役割を担い、影響力を行使した3つの患者組織である、全国スモンの会と全国難病団体連絡協議会、東京進行性筋萎縮症協会の動きと意義についてまとめられたものである。そして、主体的アクターによって成立していく難病対策の成果は、難病以外の医療政策に反映されたことを明らかにした。その後、これを引き継ぐ研究は見当たらない。また、文中には患者福祉という言葉が仮定として用いられた箇所が認められた。[15]

　神経系疾患患者を中心とする先行研究の中で、主に原著論文を中心に近年の研究の動向を調査した結果、さまざまな主題に分散していることが分かった。それらを分類化すると、大きくは「難病患者の疫学的動向」「難病対策とその関連事業」「在宅療養環境の整備―生活の構築支援」「障害受容とQOL」、の4つに分類される。内容は以下の通りである。

1．難病患者の疫学的動向

　厚生労働科学研究難治性疾患克服研究事業特定疾患の疫学研究班は、各疾患を対象とする研究班の主任研究者に対して質問紙表調査を行い、2002（平成14）年3月に『難病30年の研究成果―難病の研究成果に関する調査報告書』として発表した。これは、30年間の難病研究の成果を「病因」「診断基準」

「治療」「QOL」「生命予後」「推計患者」、の6項目でまとめたものである（巻末資料2「難病30年の研究成果」参照）。[28]「病因」については解明されている疾患が増えている。したがって、未だ不明の疾患は減少し、全体の1割強という状況になっている。「診断基準」については一般医でも診断可能な疾患の増加が見られる。「治療」については未確立疾患が多いが、治療確立の疾患も徐々に増加している。「QOL」については全体の6割強、「生命予後」については全体の半数強の疾患に改善が見られる。「推計患者」では全体の約7割の患者が把握されている。これらの結果から、第一に、病気の発見及び治療開始の時期が早くなった。第二に、30年の流れは医療の進歩を促して延命率が上昇し、同時に生活状況も改善される傾向にある。第三に、把握されていない患者が約3割いる。第四に、患者数の増加が伺える。

　以上報告の結果から、治療の未確立率は高いが、病気の早期発見・早期治療による高齢在宅療養患者の増加が考えられ、今後ますます生活の質をあげる施策の必要性が高くなる。また、未だ把握されていない患者についてはその実態の把握が重要になる。これら課題は、同じく以下の研究者らの報告においても導き出される。

　太田昌子らは、特定疾患医療受給者数の増減は疾患の特徴や診断技術の向上、患者の予後が良くなったこと、老人保健法の医療費自己負担増加など医療保険制度の変化、また疾患によっては医療給付の期間限定があるなどの要因を挙げた。[29] その受給者数は、難病患者の総数ではなく認定基準に適応した患者数であるが、新規受給者は新規発生患者をそのまま表しているわけではなく、病態が重度化した患者が新規に認定されている。柴崎知美・淵上博司らの行った全国調査の結果[30,31,32]でも、第一に、近年の老人医療費の自己負担増加で、老人保健法よりも自己負担が少ない難病対策に患者が移動し増加しており、平成4年度の7.8％から平成9年度は16.6％に上昇したことを示した。このことは高齢難病患者の実態がかなり把握されていると推察した。また、70歳以上の受療者は診療所または居住地に近い病院で受療する傾向が強い。これは、難病対策の中に「地域における保健医療福祉の充実・連携」「QOLの向上を目指した福祉施策の推進」が組み込まれたことにより、地域

で難病患者を看護及び介護する体制の整備が推進されてきた成果と考えた。今後、高齢難病患者が身近に受療できる医療施設の整備の必要性がある。第二に、7.4％が居住地以外の都道府県へ受療する。特に、大都市周辺の都道府県に居住する受給者の多くは大都市にある医療機関で受療する。また、大学病院受療患者は23.5％、診療所受療患者は11.9％である。第三に、疾患別で見ると、膠原病系疾患は入院受給者の割合が15％と低く、受給者中の若年層の割合が高い。また、長期間受給者が他疾患に比べて高く、全身状態の良好な患者が多い。したがって、一般診療所と大規模医療施設との連携強化や、一般診療所の医師の知識の向上により身近な診療所への受療体制が整備されてきた。神経系疾患は年齢の高い受給者が多く、入院の割合も20～40％と他疾患に比べ高いことから、全身状態の重篤な患者が多いと推測した。これら患者に対し、1994年度から人工呼吸器使用患者の緊急一時入院事業の開始、QOL向上のために在宅でケアする地域保健医療体制の整備推進が実施されている。血液疾患等の低年齢層から受給者数の多い疾患では、大規模医療施設の受療割合や、居住地と受療地が異なる割合に変化がないことから専門医療施設の不足が認められた。第四に、男性患者の割合が高くなる傾向にあった。また、45歳から74歳の受療者が多いことから高齢化傾向にあるなどの特徴が認められた。これら柴崎らの研究結果から、今後高齢患者が身近に受療できる医療施設の整備、居住地と受療地の違う患者の医療費や要する受療時間等の調査の必要性が挙げられる。福島靖正らは、和歌山県において、1974（昭和49）年から1997（平成9）年の23年間の医療受給を受けた難病患者の疫学的特性についてまとめた。[33] その中で、最近の3年間に70歳以上の高齢者の申請が増加していること、医療受給継続率は疾患によって差があることを明らかにした。前者については老人保健法改正の影響である。後者は疾患の限定が行われているが、その結果は膠原病系疾患である全身性エリテマトーデス[34]が55.5％という高率である半面、神経系疾患であるパーキンソン病[35]は16.0％であることから疾患によっても差がある。この差は発症年齢の影響と考えられた。

　以上の結果は、以下4点にまとめることができる。

第一に、難病患者数の動向は医療費制度の改変に影響を受けやすく、把握がしにくい。つまり非制度下にある難病患者はメリットの高い制度下にある他の施策に流れやすい。これは老人保健法のみならず、長崎・広島県を中心に被爆者援護法の適用を受けている難病患者でも、そのメリットが高いことからその制度に止まる者が多く、把握がしにくいと言われている。[5]
　第二に、大都市の大規模医療施設への受療傾向が見られるが、高齢患者は居住地の医療施設への受療傾向がある。
　第三に、高齢患者の増加が見られる。
　第四に、疾患の特徴によって介護度や受療形態が異なる。
　以上4点に加え非認定難病患者について、江澤和江らは認定患者と非認定患者の情報量の格差を指摘し、非認定患者の情報収集システムの必要性を指摘した。[36] 今後、先の報告書による課題とともに、認定患者に止まらず非認定患者についての実態把握が重要な研究課題である。また、これに関連して、島の多い自治体では難病患者の把握がしにくいと言われる。つまり島に住む難病患者は専門医に見てもらう機会が少なく、病気の診断が得られない患者が多いためである。[7] このことから、地域性の問題も含めた実態把握が必要となる。

2. 難病対策とその関連事業

　中谷比呂樹は、第一に、特定疾患患者数（医療受給者数）は一般の医療保険制度と特定疾患治療研究事業の相対的メリットの影響を受け、それは相対的メリットが向上した時も減じる時も機能していることを明らかにした。[37] すなわち、昭和58年度及び59年度に高齢者と被保険者本人へ医療費の負担強化がされると、負担増を回避するために患者数が急増した。しかし、1998（平成10）年、特定疾患治療研究事業に医療費の一部自己負担制度を導入すると、患者数の伸びの減少と外来レセプト数[38]減少に明示されるサービス利用の減少が見られた。これは先の柴崎・渕上らの研究結果と重なる。第二に、病床数といった一般医療供給量と患者数の間にも正の相関があることを明らかにした。第三に、都道府県間の患者数の格差では患者数の多い疾患ほど格差が

小さいこと、都道府県が行う各種追加施策の特定疾患患者数などへの影響は金銭的支援や対象疾患の拡大を単独で行っても患者数への影響は乏しいことを明らかにした。第四に、特定疾患研究事業にもふれ、希少難病患者の医療機関受診促進と症例確保による研究推進が行われたことを明らかにした。

佐藤俊哉らは、難病患者としての認定基準について調査結果をまとめた。[39]この中で、『難病対策要綱』にある疾病の範囲2項目について、難病患者の選定には複数の目的が混在するため一つの基準だけで順位付けした結果を用いることは無理がある。複数の異なった観点から優先度を考え、それぞれの上位に入る疾患を実情に合わせて対象疾患として選定すべきであると指摘した。恒川京子は、認定基準に関連して2002（平成14）年6月に厚生労働省が出した小児慢性疾患に対する「報告書」の中の医療費補助について、次いで2002（平成14）年8月に厚生労働省難病対策委員会が出した「中間報告」について、以上2点の内容について意見を述べた。[40]前者については、難病患者運動の1つである小児慢性疾患対策に関し、対象を重症児に限定することや患者負担導入を示唆しているが、その位置づけや内容等の詳細な事柄が明確化されていないとした。後者については、患者負担増による難病医療費の予算縮小と対象疾患の縮小への懸念がある。委員会は、特定疾患の4要素（以下、①希少性、②原因不明、③効果的な治療方法未確立、④生活面への長期にわたる支障と長期療養の必要性、の4つを指す）を建前に予算縮小と対象疾患の縮小を行おうとしており、患者の治療・生活に多大な影響がもたらされるとした。したがって、恒川は難病患者に対する支援をしっかり位置づけ、医療・介護・福祉・教育・就労など総合的な対策の確立を提言した。

板垣泰子らは、難病対策の関連事業として京都市における実態調査に基づき、これからの難病対策の在り方についてまとめた。[41]その中で、要介助者の大幅な増加が見られたことについて、長期治療による糖尿病や骨粗しょう症等の合併症が身体的な機能障害の大きな要因になっていると推察した。また、介護保険認定状況について、認定は受けているがサービスの利用はしていない患者が多く存在していることを推察した。これは福祉施策の利用が介護保険優先である。自己負担の支払いが困難な患者では他の施策で受けてい

たサービスを控えざるを得ず、療養生活はむしろ厳しいものになっている患者の存在も少なくないとしている。したがって、難病患者が慢性疾患として介護度を増しつつ長期に療養生活を送る状況へと変化している中で、今後は介護保険や身体障害者施策、難病居宅支援事業等の整合性や利便性の見直しの必要性を指摘した。筆者の研究においても板垣らの研究と同様な結果が得られ、難病患者の介護保険適用、つまり対象規定については今後の検討課題として残された。[42]

以上難病対策における認定基準とその関連事業については、患者の生活に直結する重要課題であり、患者の関心も高い。今後も対策の継続評価と研究が課題となる。

3. 在宅療養環境の整備—生活の構築支援

先の『難病30年の研究成果』の中で、「QOL」については全体の6割強に改善が見られるとしながらも、今後ますます生活の質をあげる施策の必要性が高くなると指摘した。[25] この難病患者のQOL向上については、主に神経系疾患患者を中心とする様々な領域や視点から研究が行われている。たとえば、秋山智らは神経系疾患の情報サービス「読者の交流室」の分析を行った。[43] その中で脊髄小脳変性症[44]患者及び家族の場合、メールで仲間や情報を求めたり、書くことにより気持ちを整理したり、あるいはホームページや情報提供により社会参加をしたり、というような図式が考えらる。また、患者のインターネット・コミュニティがピアサポート的機能を果たしていることを明らかにした。高木克芳らは、三鷹市の神経系疾患患者の事例を通して在宅医療の今後のあり方についていくつかの課題を挙げたが、その中で在宅医療は総合的ケアであり社会的存在であると指摘した。[45] 課題としては、専門職や介護マンパワーの確保、他職種で総合的活動を行うためのコーディネーターの必要性、さらに在宅医療の特殊性に相応する法的枠組みの必要性などを挙げた。特に、後者の法的枠組みの必要性とは現在の難病問題の中心的検討課題とも言える痰の吸引問題を指している。その後、この痰吸引問題について、厚生労働省は2000（平成15）年6月9日に「看護師等によるALS患者の在宅

療養支援に関する分科会」の最終報告書を公表した。痰吸引は医療行為であり医師・看護師以外のものが行うことはできないとしながらも、実際は医療職の充足が困難な状況にあることから、これまで家族が行うことを黙認してきた経緯がある。報告書では、さらに一定の条件を満たした上で家族以外の者の実施を容認したが、これは各界に波紋を投じた。その結果、3年後の見直しまでは訪問看護と家族以外の者との連携システムの中で限定的に対応することになっている。[46] 神経系疾患は疫学調査の結果でも年齢の高い受給者が多く、入院の割合も20～40％と他疾患に比べ高いことから全身状態の重篤な患者が多いと推測されている。[31] したがって、家族の身体的・精神的・経済的負担も大きく、在宅療養が破綻してしまうことが多い。大久保成江らは、在宅人工呼吸器療法を受けながら、かつ主婦としての役割や社会活動を行う神経系疾患患者の家族の心理的変化とその影響要因を明らかにした[47]。在宅で人工呼吸器療法を受けることに対し、当初は家族間で衝突と混乱を招いたが、十分な話し合いのもとで次第に家族の一員として尊重できるようになった。その要因は、互いに納得した上での在宅療養の選択であったこと、支援体制の整備、他の患者及び家族からのピアサポート、発症前からの良い家族関係、患者の積極的な性格が挙げられた。

　潰瘍性大腸炎[48]やクローン病[49]に代表される炎症性腸疾患の患者の生活問題も深刻である。炎症性腸疾患は10代からの若年者に発症しやすく、寛解と増悪を繰り返し、長期にわたり薬物や食事・栄養療法を必要とする。小松喜子らは、これら支援のあり方について実態調査を行い、保健医療福祉ニーズを明らかにした。[50] その中で、医療費の他に健康補助食品や経口栄養剤、衛生材料、ストーマケア用品等の療養費がかかっており、これら医療に関わる費用の実態と公費負担の可能性の調査の必要性を挙げた。また、食事や排泄問題については疾患の特徴からも深刻であり、食事指導のあり方が求められた。さらに、ストレスがたまる、体力がないなど精神的な悩みを抱えていることから専門的な治療の確立が求められた。社会の理解や就労問題も大きい。吉田礼維子は、成人初期の発達課題の達成に病気は大きな障害になっていることを指摘した。つまり食事療法はコミュニケーションの障害、疲れやすさ

は自己概念に関連、また病気が結婚や出産に影響すると考える者60%、仕事では50%が退職・転職を行い、学業への影響は40%であったと報告した。

春名由一郎は就労の実態にふれ、疾病の特性と就労可能性の諸側面、就業及び失業状況の3つの視点から分析を試みた。その結果、多くの患者が職業的障害を有しながら就労している実態が明らかになった。[52] その職業的障害には、主観的体験（就労意欲や就労機会が少ないことによる阻害）や雇用保障制度の不備、病気への偏見・差別・無理解が挙げられる。課題としては、医療機関での復職可能性への提示が出来る体制、治療継続と就労の両立支援、進行性疾患のキャリア設計、若年発症の患者教育、職業リハビリテーションの公的助成制度の確立などが挙げられた。特に回復度の高い患者には、雇用対策や職業リハビリテーションによる就労支援の必要性と多職種を含む連携の必要性を指摘した。

以上のことから、先の柴崎・淵上らの報告の中にもあったように、発症年齢や病態など疾患の特徴によって生活課題も異なる。したがって、その特徴を踏まえたうえで生活支援方法を考える必要があるが、共通課題としては病気であっても出来るだけ患者の残存機能を活かし活動ができるような家族も含めた支援体制が挙げられる。特に、炎症性腸疾患の場合は非認定患者が多く、身体障害者手帳の給付率も低いことから医療費を含む必要品の経済的支援や全難病患者を対象とするピアサポートの体制作りが今後の研究課題であると考える。

4. 障害受容とQOL

先の『難病30年の研究成果』の中で、「QOL」については全体の6割強、「生命予後」については全体の半数強の疾患に改善が見られるという報告がされている。障害を受容し、その人らしく生きることはQOL向上に繋がる。その実際において、小松喜子らは20歳代後半から30歳代の炎症性腸疾患であるクローン病患者828名を対象に、人生の満足度に関わる要因についてアンケート調査を行った。[53] その結果、満足度の低い群は症状のコントロールが難しく、健康状態が悪化傾向にあり職を失う人も多く、生きがいや生活の張

りを失っている。また、不安・ふさぎ込みを抱えている人が多く、これらの要因によって人生の満足度が低下している。したがって、職場における患者理解を増すための取り組みや治療法・栄養療法の開発、精神的なサポートなど幅広い支援が満足度をあげるために必要であるとした。野川道子らは、自己免疫疾患患者204名を対象に病気の不確かさの特徴と、その関連要因について質問紙調査を行った。[54] その結果、「病状の不安定さ」「性別」「経済状態」「受容」「疾患に対する対処行動の積極性」の5点が不確かさの認知に影響すると指摘した。特に、疾病の受容との関連について、自己免疫疾患では目標を持って生きようとはしても、再燃や増悪によりいつ日常生活が脅かされるのかがわからないという不安定さがつきまとっている。そのことが病気を抱えた自分の現状を受け入れ難くし、不確かさの認知に影響を及ぼすとした。佐々木栄子は、壮年期にあるパーキンソン病患者の自己概念の様相を患者の語りから明らかにした。[55] つまり運動機能障害が表れるパーキンソン病に特徴的な自己概念として、「病に揺さ振られる自己」「縮んで小さくなる自己」「不審に思われる自己」の3点を挙げた。さらに、病いにより自己概念が様々な影響を受けながらも人間としての成熟を意味する「成長していく自己」の存在とともに、自分らしさを「保ちたい自己」が病いを持ちながら生きていくための大きな支えになっているとした。秋山らは、脊髄小脳変性症患者のライフヒストリー法による分析を通して、病気への対処行動を明らかにした。[56] 仕事を辞めるまでは「ぎりぎりまで仕事を続けること」、仕事を辞めてからは「自宅でがんばり生活すること」がその患者にとって心の支えであり、生き方であり、病気への対処行動そのものであった。すなわち、仕事と自宅へのこだわりであったが、様々な人々との関わりを通して「病気とともに歩む」という、それまでと全く違った人生を受け入れ始める。同時に、他人の援助を受け入れ、「人生を楽しむ」という考えが生まれる。つまり価値観を変容し、1つの「態度価値」を実現したと考察した。また、ライフヒストリー法を継続することは、対象者にとって認識変容のきっかけの1つになりうる。つまりナラティブ・アプローチとなる可能性を示唆した。隅田好美は、神経系疾患である筋萎縮性側索硬化症患者[57]及び介護家族に聞き取り調査を

行い、前向きに生きるきっかけを障害受容過程に沿って明らかにした。[58] その結果、病気や障害を受容すると「価値転換」が行われ、「残された機能」に目を向け、「目標」を持ち、「社会とのつながり」「社会に役立つ」ことを求め始めた。さらに、家族や親友から精神的支援を受けることで、「自分の本質は何も変わっていない」と感じる。これらのことから、身体的症状が安定していることと、信頼関係が築かれたフォーマル・インフォーマルサポートにより「ひとりでない」と感じることが重要とした。矢倉紀子らは、自己免疫疾患患者を主としたグループインタビュー法を用い、受容過程に関する検討を行った。[59] その結果、第一に、特徴的に発病から確定診断までの期間が長く、その間遷延する不透明感に患者はかなり苦しめられていること、併せて確定診断直後には安定した未来を喪失するのではという宙吊り感からくる苦悩を体験する。第二に、疾病受容への主な促進要因として同病者との交流、周囲からの生活への支え、生活の中でその人なりの目標のあること、置かれた環境で役割感が持てることである。また、逆に阻害要因として周囲の者の疾病に対する無理解から生じる言動、役割感の喪失などが関連している。これらのことから、患者会活動が交流会に終わることなくピアカウンセリングや家族や地域社会への啓蒙活動の必要性、家族看護の重要性を述べた。さらに、患者の要望としては、医療情報や生活を支える社会資源に関する情報を適宜求められるシステムの構築であることを明らかにした。檜垣由佳子らは、神経系疾患患者の病む体験を明らかにするために、現象学的アプローチを方法論として面接調査を行った。[60] その結果、患者の体験世界として「変化した世界」「情緒の世界」「変化から自己を守ろうとする世界」「不変世界」、の4点を抽出した。また、一部から「新たな意味世界」が抽出された。その結果、病とともに積極的に生きるためには、他者との関わりの中で健康なときと同様な体験（「関係の維持」の体験）を多く重ねる必要があることを示した。

　以上のように、これまで多くの難病患者の障害受容研究やQOL測定・評価の試みが疾患別にされてきた。しかし、これらの結果は各疾患による発症年齢や進行度などの特徴の違いや、難病であるが故の社会的差別体験の有無、家族など周囲の理解などに影響されやすい。したがって、難病患者個々によ

って障害受容のプロセスもQOLの捉え方も違ってくるという、極めて主観的で個人的な結果であるとも言える。たとえば、神経系疾患患者のQOL向上に関する報告では、病状の改善、療養環境の改善、家族交流や趣味活動の活性化など客観的QOLの好転がもたらされても必ずしも患者の主観的向上に繋がらない場合もある。[61] あるいは、日常生活動作（略称・ADL：Activities of Daily Living。以下、ADL）との関係から身体機能の低下とQOLに関係は見られない。[62] また、身体的機能に止まらず、その他の側面も考慮すべきである。[63] さらに、患者自身が疾患を心理的に受容していくことも考えられ、QOL評価においては従来の難病患者共通の主観的尺度に限らず、難病共通の尺度開発や疾患特異的尺度開発の必要性がある[64] など、様々な報告がある。Fukunagaらによると、在宅における療養が患者のQOL改善に有用であることを指摘していることから、[65] 今後ますます研究開発とその評価に基づく福祉サービスや対策などの評価・継続が重要課題となる。

5．難病研究の課題

　本節では、主に原著論文を中心に近年の先行研究の動向を、「難病患者の疫学的動向」「難病対策とその関連事業」「在宅療養環境の整備―生活の構築支援」「障害受容とQOL」、の４つの視点から見てきた。その結果、これからの研究課題として大きくは以下３点にまとめることができる。

　第一に、疫学的動向として治療の未確立率は高いが、病気の早期発見、早期治療により在宅療養の高齢患者の増加が推測され、今後ますます生活の質をあげる施策の必要性が高くなる。たとえば、高齢患者が身近に受療できる医療施設の整備のあり方や、高齢者に限らない疾患の特徴をふまえた介護方法がこれからの研究課題である。

　第二に、難病対策自体のあり方、つまり認定基準やそれに伴う医療費等の経済的支援方法等についての検討が今後の重要な研究課題である。

　第三に、非認定患者の実態把握である。

以上３点の中で特に介護方法について、2002（平成14）年の日本難病看護学会でも報告されたように、研究対象は在宅療養の神経系疾患患者に集中し、

それに伴い医療処置の多い患者の看護・介護研究が主流となっている。現在の難病関係者の高い関心は、気管切開患者の家族外の福祉職にある者の痰の吸引問題と人工呼吸療法の管理である。2005（平成17）年夏の難病看護学会でも報告の中心となった。ほか難病医療ネットワークの現状、患者の生きがい対策や生活の質向上、難病対策の検討とそれに関連する経済的問題、患者団体への支援システム、医療・福祉専門職の教育と連携、遺伝情報の管理システム、ピアサポート等であった。

本研究の目的である「難病患者福祉の形成」と上記の研究課題との関連性について、第一、第二の研究課題との関連が深い。本研究は『難病対策要綱』に基づく難病対策事業について単に政策批判を展開するのではない。難病であるが故に起こる患者の生活実態を、患者運動とそれに追従して形成されていく難病対策の中で重ねていくことにより、今日の難病対策について考察を深める。これによって、難病患者の生活の質をより向上させる施策の必要性、つまり新たな難病患者福祉の形成の必要性を明らかにしようとするねらいがある。

――註――――

1）スモン（SMON；Subacute Myelo Optico Neuropaty亜急性脊髄・視神経・末梢神経障害の略）は、昭和30年ごろより原因不明の奇妙な病気として登場する。詳細は第2章に示す。

2）「難病」という語は、当時の患者会役員が患者と社会が共有した問題性を簡単かつ明瞭に、しかもありふれた言葉で表現したいといくつか考えた単語の1つで、最もヒットした単語である。一般化されたのは、のちに要綱の参考にされた『難病救済基本法』試案が新聞紙上に掲載されたのを機に、メディアが「難病」を慣用語として使い始めたことによる。また、国会の中でも反響を呼ぶ要因になり、難病対策の発展に寄与したと言われる（川村佐和子・星旦二「難病への取組み」『ジュリスト増刊総合特集・日本の医療―これから』有斐閣、№44、1986年、p.58）。

3）「医療費の自己負担の軽減」について、難病には種々の疾病が含まれ、それらに対する医療費の補助制度として小児慢性特定疾患治療研究費、育成医療費、厚生医療費、重症心身障害児（者）措置費、進行性筋萎縮症児（者）措置費等の6事業費が含まれる。申請により社会保険各法の規定に基づく医療費の自己負担分について、国と都道府県から補助が行われている（2004年「国民衛生の動向」財団法人 厚生統計協会、p.150）。

序　章　難病研究の目的と方法

4）2004年「国民衛生の動向」財団法人　厚生統計協会、p.147。
5）西三郎「会長講演・21世紀に向けて難病行政のあり方」日本難病看護学会誌　VOL.5　No.1　2000、p.13。
6）難治性疾患克服研究事業（特定疾患調査研究分野）とは、平成10年度までは特定疾患調査研究事業、平成14年度までは特定疾患対策研究事業として実施されていた。それぞれ研究班を設置し、特定疾患治療研究との連携を図りつつ原因の究明、治療方法の確立に向けた研究を行うもので、平成16年9月現在66の研究班がある。この事業により、疾患ごとの患者数・性別・年齢・地域の偏り等の実態が明らかになり、一定の基準に基づいた治療法の開発が目指され、対処療法については大きな進歩を遂げるなどの成果が上げられている。平成10年度からは、画期的な治療方法の開発や難病患者の生活の質（QOL）の改善を目指した公募制による重点研究を創設する。さらに、平成11年度から厚生科学研究（先端的厚生科学研究分野）の中に位置づけ、課題選択は公募により行い競争的な研究の実施を図り、また、ヒトゲノム研究や脳科学研究等他の先端的厚生科学研究との一体的な推進により研究の更なる進展を図っている。平成15年度から難治性疾患克服研究に改編し、難治性疾患の治療方法の確立等を目指した研究を一層推進することとしている（難病情報センターホームページ参考）。
7）特定疾患治療研究事業の対象になりながらその適用を受けない理由として、①在宅患者で通院が困難な場合、受療そのものが行われないので受給のメリットがない、あるいは受給資格を得るために必要な専門医の診断が受けられない。②重症の在宅難病患者で、身体障害者手帳交付の要件に該当するような場合には、身体障害者福祉法の方が介護支援をはじめ様々な点でメリットが大きいので更生医療の適用のみを受けている。以上の2点を挙げている（衛藤幹子『医療の政策過程と受益者―難病対策による患者組織の政策参加―』信山社、1993年、p.8）。②については更生医療給付状況の実績でも内部障害者に比重が増大していることは明らかである（2005年『国民衛生の動向』財団法人　厚生統計協会、p.107）。また長崎県パーキンソン病友の会会長からの情報によると、主に長崎・広島の両県に見られる場合として、③被爆者手帳交付の要件に該当する場合には被爆者援護法の方が介護手当をはじめ様々な点でメリットが大きいので、原爆医療の適用のみを受けている患者がいる。これは、被爆者援護法に限らず、他の施策でも見られている。
8）厚生労働科学研究難治性疾患克服研究事業・特定疾患の疫学に関する研究班『難病30年の研究成果―難病の研究成果に関する調査報告書』2004年3月、pp.3～4。
9）平成13年9月から開催された厚生科学審議会疾病対策部会難病対策委員会は7回の審議を経て、平成14年8月に中間報告「今後の難病対策の在り方について」を提出した。その中で、難病患者と同様に経済的・精神的な負担を抱えるがん等の対象外の疾患患者等との不公平感の指摘や、医療費負担という本来の目的（原因追究、研究体制の整備等）に立った考え方の明確化の必要性、介護保険制度や障害者基本

計画、障害者プラン等との整合性に留意した施策検討の必要性を挙げた。
10) 山縣然太朗「特別講演・難病と遺伝―遺伝情報をめぐる諸問題―」日本難病看護学会誌VOL.5　No.1　2000、p.14。
11) 永津俊治「教育講演・難病の最先端研究：遺伝子診断・遺伝子治療」日本難病看護学会誌VOL.9　No.2　2004、pp.88～93。
12) Arthur Kleinmanは、「病気」について、「マクロ社会的（経済的、政治的、制度的）な影響力との関係において、ある母集団全体にわたってあてはまるという包括的意味において障害を理解することである」と定義づけ、病い（患うことによる様々な経験、生きられた経験と述べている）からさらに視野を広げて、政治的抑圧や経済的略奪や人々に不幸をもたらす社会的な諸力の反映など広く指している。また「疾患」については、「治療者の視点から見た問題である」と述べている（Arthur Kleinman著、江口重幸ほか訳『THE ILLNESS NARRATIVES Suffering, Healing and the Human Condition 病いの語り―慢性の病いを巡る臨床人類学』誠信書房、2004年、pp.iii～7）。
13)「生活問題」とは、「生命の存在が脅かされるような状態のみならず、健康で文化的な人間らしい生活が阻害されるような状況が広がり、それが社会的に認識され、運動化がなされる状況。社会問題の一種であり、その根幹をなすもの」と定義づけられている（京極高宣監修『現代福祉学レキシコン』雄山閣、1993年、p.52）。また、一番ヶ瀬康子は「現実の生活」について、「社会のメカニズムがその生活を規制し、ゆがめているが、それだけに生活の主体的認識さらに人間らしい生活保障の獲得は、人権の起点ともなりうるとともに疎外された現代人の社会変革へのいわば足場となる」と述べている（一番ヶ瀬康子『生活学の展開―家政から社会福祉へ』ドメス出版、1984年、p.1）。
14) 清水寛は、障害者の社会参加の「参加」という意味の捉え方の中で、「自立は社会経済的に自ら生計を立てる、あるいは日常の市民生活のうえでの自立と、障害者自身が権利の主人公として自らの権利を実現していく主体に自らを自己形成していくこと、…障害者自身が自分の権利を自覚し、それを確実に実現していくための、強く、豊かな運動の思想というものをもって、一人一人が立つ、そういう自らを律するという意味での自律」というように自立と自律の意味の違いを述べている（一番ヶ瀬康子・清水寛・上田敏ほか「座談会『人権・障害者福祉・平和―国際障害者年の基本課題は何か』」ジュリスト増刊総合特集、No.24、1981年9月、p.15）。
15) 衛藤幹子は、「患者福祉」について、医療や福祉的な措置によって患者個人の利益の保護を目的にした政策であると仮定している。これは「社会防衛」という用語に対比して用いられた言葉である。「社会防衛」とは、かつて日本がとった政策であるが、伝染性疾患患者や精神障害者に対し、医療的に保護することよりも、病気や患者によってもたらされる危害から社会を護る政策を意味する（衛藤・前掲書、p.3、p.83）。また川村・星も前掲書の中で、「患者福祉」を難病患者が当初社会に

序 章 難病研究の目的と方法

訴えた課題の1つとしてとりあげ、それが研究班の中に保健社会学部門の設置・研究を促したと述べている（川村・星・前掲書、p.60）。
16）膠原病系疾患とは、膠原病及び膠原病類縁疾患を一括した名称である。人間の身体の中の細胞を支えている膠原繊維（細胞と細胞を結合させている結合組織に含まれている成分）の障害によって起こる疾患である。その成分の役割は、①細胞への栄養補給、②細胞の老廃物の排除、③異物侵入防止、④障害された部分の修復、の4つである。結合組織は、皮膚、関節、筋肉、血管ほか全身にある。したがって膠原病は様々な臓器の障害が見られる。また膠原病の特徴と共通性について、①症状として発熱、易疲労感、関節痛、筋肉痛、こわばりなどがみられ、これらは全身性の炎症によって生じる。骨・関節や筋肉に痛みとこわばりがある場合には、リウマチ性疾患という範疇に含まれるので、膠原病はリウマチ性疾患として扱われることがある。②全身の結合組織が侵され多数の臓器が障害される。結合組織が侵される疾患は、膠原病以外にも多くあり、これら結合組織疾患という範疇に含まれる。膠原病はその一部を占める。③膠原病は免疫異常がみられるが、これは自己の成分に対して異常な免疫反応が生じているのではないかと考えられている。これを自己免疫と呼ぶが、これによって生じる疾患は自己免疫疾患という範疇に含まれる。膠原病はその一部を占める。④かかりやすい体質は受け継がれることがあるが、はっきりした遺伝性はない、したがって、遺伝病ではない。⑤伝染病ではない。⑥悪性腫瘍ではない。⑦リウマチ熱以外は明らかな細菌によって起こる病気ではないので、抗生物質は効果がない。⑧副腎皮質ステロイドホルモンが効く。さらに代表的な疾患としては、全身性エリテマトーデス、強皮症、多発性筋炎/皮膚筋炎、混合性結合組織病、慢性関節リウマチ、ベーチェット病等など多くの疾患がある。なお難病のうち約3分の1が膠原病系疾患である（参考：全国膠原病友の会『30周年記念誌、2001年膠原病ハンドブック』pp.3～5）。
17）膠原病系疾患患者の占める割合について、平成15年度の45の治療研究事業対象疾患のうち、膠原病系疾患は全体の約27.8％（そのほか神経系疾患37.8％、消化器系疾患21.5％、血液系疾患7.2％、循環器系疾患5.6％）で膠原病系疾患患者数は、全体の約27.9％を占めている（参考：難病情報センターホームページ）。さらに、膠原病系疾患患者の通院状況について、平成7年度厚生省特定疾患患者療養生活実態調査で受療形態として通院を行っている患者は、神経系疾患75.0％、膠原系疾患84.7％、内部臓器疾患77.8％であった。それ以降、難病研究の進歩や診療報酬の引き下げによる入院期間の短縮などを考慮するならば、通院形態をとる患者は増加傾向にあると考えられる。平成9年に行った全国膠原病友の会患者調査では94％の患者が通院形態をとっていることが報告されている。
18）膠原病の類縁疾患関連団体としては、1960（昭和35）年に「社団法人日本リウマチ友の会」がある。難病関連団体としては、1969（昭和44）年の「全国スモンの会」に次いで、1970（昭和45）年に「ベーチェット病友の会」、1971（昭和46）年に

「全国膠原病友の会」と早期設立である。
19) 1993（平成5）年、障害者基本法第2条「定義」に関連して附帯決議では、「てんかん及び自閉症を有する者並びに難病に起因する身体上又は精神上の障害を有する者であって長期にわたり生活上の支障があるものは、この法律の障害者の範囲に含まれるものであり、これらの者に対する施策をきめ細かく推進するように努めること」が付け加えられた。
20) 1998（平成10）年に発表された長崎市の障害者プランは、平成9年度のアンケート調査に基づき策定されたものであるが、その内容は膠原病系疾患患者等の内部障害者の意見が反映された施策ではないという不満がある（全国膠原病友の会長崎県支部からの情報）。
21) 全国膠原病友の会長崎県支部からの情報。
22) 厚生労働省第1回難病対策委員会議事報告。
　　(http://www.tokeidai.co.jp/h-nanren/new/zenkoku/bappon2.htm)。
23) 1998（平成10）年10月には、前年度の公衆衛生審議会成人病難病対策部会難病対策専門委員会の報告を受けて、医療費の全額公費負担制度から一部自己負担制度に切り替えられたばかりであった。
24) 牛込三和子「会長講演・難病看護の足跡と展望」日本難病看護学会誌、VOL.6 No.2 2002、pp.79〜86。
25) 一番ヶ瀬康子『生活学の展開——家政から社会福祉へ』ドメス出版、1984年、p.1。
26) 衛藤は、行政学の立場から難病対策という一医療政策過程の分析を行った。その分析方法は、1990年頃までに各々違った局面から主体的アクターとして影響力を行使した3つの患者組織の動きを、スモンの発生から時系列に見ていく。1つ目は、スモン対策の形成を担った全国スモンの会、2つ目は、スモン対策がその他の類似疾患に波及し、難病という名称の下に難病対策が形成される過程に関与した難病患者組織の連合組織である全国難病団体連絡協議会、3つ目は、施設医療を基盤とした難病対策への疑問から地域ケアという地域志向の対案を提起し、対策の修正を促した東京進行性筋萎縮症協会、の3つである。
27) 実川悠太編『グラフィック・ドキュメント　スモン』日本評論社、1990年。
28) 厚生労働省厚生労働科学研究難治性疾患克服研究事業・特定疾患の疫学に関する研究班『難病30年の研究成果—難病の研究成果に関する調査報告書』2004年3月。
29) 太田昌子・仁科基子・柴崎智美ほか「地域保健事業報告における特定疾患医療受給者情報の利用」厚生の指標50（1）2003.1、pp.17〜23。
30) 柴崎知美・永井正規・阿相栄子ほか「難病患者の受療動向—難病医療費公費負担制度による医療費受給者の解析」日本衛生学雑誌 52 631-640（1998）、pp.631〜639。
31) 淵上博司・永井正規・仁科基子ほか「難病患者の実態調査——1997年度特定疾

医療受給者全国調査の解析―」第49巻　日本公衆衛生雑誌　第8号、2002、pp.724〜788。
32）淵上博司・永井正規・仁科基子ほか「難病患者の受療動向―1997年度特定疾患医療受給者全国調査の解析―」日本衛生学雑誌　58　357-368（2003）、pp.357〜368。
33）福島靖正・坂田清美・森岡聖次ほか「特定疾患医療受給者証を利用した難病患者の長期観察」第45巻13号　厚生の指標　1998、pp.25〜32。
34）全身性エリテマトーデスとは、膠原病系疾患の1つで、中でも患者数が最も多い。一般にSLE（Systemic Lupus Eryhtematosusの略）とも呼ばれ、原因不明で寛解と再発を繰り返す。発熱、全身倦怠感などの全身症状、関節・皮膚症状、日光過敏症、口内炎、脱毛、臓器障害等を引き起こすが、女性患者の発病が圧倒的に多い（男女比は1：9）。認定患者数は、52139人（平成16年度末）であるが、実際は2倍以上と推定されている（参考：難病情報センターホームページ）。
35）パーキンソン病とは、神経系疾患の1つで、中でも患者数が最も多い。原因不明で、振戦、筋固縮、無動、姿勢・歩行障害が4大症候である。好発年齢は50から65歳であるが、高齢になるほど発病率が増加する。40歳以下で発症するものは若年性パーキンソン症候群と呼ばれるが、基本的には同じ疾患と考えられる。認定患者数は、パーキンソン病を含む関連疾患患者数として74928人（平成16年度末）にのぼる（参考：難病情報センターホームページ）。
36）江澤和江・牛込三和子・輪湖史子ほか「難病患者の医療費公費負担制度における患者把握状況と地域保健活動のあり方」民族衛生64（1）1998、pp.48〜60。
37）中谷比呂樹「特定疾患（難病）研究事業の特性と評価に関する研究」慶應医学77（4）2000、pp.143〜156。
38）外来レセプト数とは、医療機関において患者が入院または外来通院中に担当医師の指示により、注射や手術、検査等様々な形で医療行為が行われる。その医療行為は、厚生労働省の規定の"点数表"に基づき、診療報酬明細書（レセプトと呼ばれる）として、毎月患者に請求されるが、その点数を言う。
39）佐藤俊哉・稲葉裕・黒沢美智子ほか「特定疾患治療研究事業対象疾患の選定方法に関する検討」厚生の指標　47（13）2000.11、pp.11〜17。
40）恒川京子「小泉内閣がねらう難病医療の改悪」前衛　2002.11、pp.192〜197。
41）板垣泰子・土井渉・長井迪子（ほか）「京都市難病患者の実態調査結果の検討」日本公衆衛生雑誌51（4）2004.4、pp.280〜286。
42）堀内啓子「長崎県における特定疾患対策事業の現状とその課題―介護保険サービス非該当の在宅膠原病患者の生活状況を通して―」純心福祉文化研究、2003年、創刊号、pp.1〜7。
43）秋山智・加藤匡宏「脊髄小脳変性症患者におけるインターネット・コミュニティー―神経筋難病情報サービス「読者の交流室」の分析を通して―」日本難病看護学会誌　VOL.8　No.2　2003、pp.129〜136。

44）脊髄小脳変性症とは、運動失調を主症状とする原因不明の神経変性疾患の総称で、遺伝性以外の原因は不明である。症状は、運動失調のほか自律神経症状として起立性低血圧、発汗障害、排尿障害など、錐体路症状として下肢のつっぱり、その他、末梢神経障害や筋の萎縮などの症状が見られる。一般的に緩徐進行性の経過をとる。認定患者数は、17924人（平成16年度末）である（参考：難病情報センターホームページ）。

45）高木克芳・佐藤政之輔・大場須賀子ほか『訪問診療・看護の現状と今後のあり方』臨床成人病　VOL.21　No.11　1991、pp.1921〜1925。

46）週間保健衛生ニュース「ヘルス・アイ—在宅ALS患者のたんの吸引」2003年7月28日、p.48。

47）大久保成江・牛久保美津子・数間恵子ほか「在宅療養経過に伴うＡＬＳ家族の心理的変化とその影響要因　社会活動を行っている療養者2家族の事例分析」日本難病看護学会誌　VOL.6　No.2　2002、pp.127〜135。

48）潰瘍性大腸炎とは、消化器系疾患の1つで、中でも患者数が最も多い。主として粘膜を侵し、しばしばびらんや潰瘍を形成する原因不明の大腸のびまん性非特異性炎症である。遺伝的因子と環境因子が複雑に絡み合って発症すると考えられている。特徴的な症状としては、下血を伴うまたは伴わない下痢とよく起こる腹痛である。好発年齢は男性で20〜24歳、女性では25〜29歳であるが、若年者から高齢者まで発症し、男女差はない。認定患者数は、79897人（平成16年度末）である（参考：難病情報センターホームページ）。

49）クローン病とは、大腸及び小腸の粘膜に慢性の炎症または潰瘍をひきおこす原因不明の炎症性腸疾患の1つである。現在のところ遺伝的因子、環境因子などが複雑に関与し、免疫系の異常反応が生じていると考えられている。発熱、栄養障害、貧血などの全身症状と関節炎、虹彩炎、肝障害などの全身性合併症が起こることがある。好発年齢は10歳代〜20歳代の若年者で、男女比は約2：1と男性に多く認められる。認定患者数は、23100人（平成16年度末）である（参考：難病情報センターホームページ）。

50）小松喜子・前川厚子・神里みどりほか「潰瘍性大腸炎患者とクローン病患者の実態と保健医療福祉ニーズ（1）共通点と相違点」日本難病看護学会誌　VOL.9　No.2　2004、pp.109〜118。

51）吉田礼維子「成人初期の炎症性腸疾患患者の生活実態」日本難病看護学会誌　VOL.7　NO.2　2003、pp.113〜122。

52）春名由一郎「難病（特定疾患）者の就労の実態」障害者職業総合センター研究紀要7　1998、pp.45〜63。

53）小松喜子・前川厚子ほか「クローン病（ＣＤ）患者の人生の満足度に関わる要因について」日本難病看護学会　VOL.9　NO.3　2005、pp.179〜187。

54）野川道子・佐々木栄子「自己免疫疾患患者の病気の不確かさとその関連要因」日

本難病看護学会　VOL. 8　No. 3　2004、pp.293〜299。
55）佐々木栄子「壮年期にあるパーキンソン病患者の自己概念の様相」日本難病看護学会　VOL. 8　No. 2　2003、pp.114〜123。
56）秋山智・中村美佐ほか「地域生活を送る脊髄小脳変性症A氏の病気への対処行動に関する研究─ライフヒストリー法による分析を通して─」日本難病看護学会　VOL. 8　No. 2　2003、pp.124〜133。
57）筋萎縮性側索硬化症とは、原因不明の疾患である。症状は、筋萎縮と筋力低下が主体で、病期が進行すると上肢の機能障害、歩行障害、構音障害、嚥下障害、呼吸障害などが生ずる。病勢の進展は比較的速く、人工呼吸器を用いなければ通常は2〜4年で死亡する。男女比は約2：1と男性に多く認められる。認定患者数は、6,974人（平成16年度末）である（参考：難病情報センターホームページ）。
58）隅田好美「筋萎縮性側索硬化症患者における障害受容と前向きに生きるきっかけ」日本難病看護学会　VOL. 7　No. 3　2003、pp.162〜171。
59）矢倉紀子・谷垣静子「難病患者の疾病受容過程に関する検討」日本難病看護学会　VOL. 7　No. 3　2003、pp.172〜179。
60）檜垣由佳子・鈴木正子「神経難病患者の病む体験」日本難病看護学会誌　VOL. 6　No. 2　2002、pp.136〜146。
61）厚生省精神・神経疾患研究委託費筋ジストロフィー患者のQOLの向上に関する総合研究班『筋強直性ジストロフィーの治療とケア』医学書院、2000。
62）Robbins A、Simmons Z、Bremer A、et al. Quality of life in ALS is maintained as physical function declines. Neurology 2001；56：442〜4。
63）Simmons Z、Bremer A、Robbins A、et al. Quality of life in ALS depends on factors other than strength and physical function. Neurology 2000；55：388〜92。
64）杉江拓也「特集　保健医療分野におけるQOL研究の現状・特定疾患とQOL」保健医療科学　53（3）2004、pp.191〜197。
65）Fukunaga H、Kasai T、Yoshidome H. Clinical finding、status of care、comprehensive quality of life、daily life therapy and treatment at home in patients with Parkinson,s disease. Eur Neurol1997；38 Suppl 2:64〜9。

第1章 社会防衛から難病患者福祉への移行

［1948（昭和23）年〜1972（昭和47）年］

第1章　社会防衛から難病患者福祉への移行

　本論を進めるにあたり、難病患者運動と政策形成の過程で特に患者の生活に変化を与えたと想定される時点を境に大きく三段階に区分して段階的に見ていく（第1章から第3章）。つまり1972（昭和47）年の『難病対策要綱』策定、1998（平成10）年の医療費の全額公費負担から一部自己負担への制度の変更が区分の基準であり、生活を視点においた難病患者福祉の変化の境でもある。この概要は次頁表に示した通りである。さらに、これまでの難病対策の問題点を整理し、これから期待される難病患者福祉について考察を深める（第4章）。

　本章は、次頁表の第一段階にあたる時期である。難病患者運動に視点をおき、その運動が政策形成に影響を与えながら、患者への直接的な福祉サービスを含む難病対策が開始されるまでの過程を追う。
　衛藤は、難病対策の政策形成において患者の主体的存在を明らかにしている。[1] すなわち、難病対策ができる以前においては国から下ろされてきた政策に対し、患者は受け手という立場から異を唱えることにより再び修正され下ろされてくるという一方的な流れであり、実質的に患者は政策形成に参加することはない客体的存在であった。しかし、難病対策の政策形成においては、患者組織が政策の発案者であり、また政策の形成・決定ばかりか政策実施の段階にも関与し、難病対策に強い影響力を行使した。つまり難病患者が発信した情報は新しい政策の提案であり、また政府案に対する対案であった。しかも、それらは国にフィードバックされ、難病対策の形成や修正を促したとする患者の主体的存在を位置づけている。
　難病対策ができる以前の背景としては、戦前から戦後の疾病対策の目的が結核やハンセン病などの伝染性疾患や、精神障害に見られるような社会防衛政策が強調されてきた。社会防衛政策の意味について、官費を持って患者を収容し社会から隔離する。そこには患者を医療的に保護することよりも病気や患者によってもたらされる危害から社会を護ることに重点が置かれるという、患者個人よりも集団や社会の利益が優先されるという目的を持つと意味づけている。[2,3] しかし、難病対策がこれまでの政策形成と違う形で変化し

段階（時期）区分表

第一段階	社会防衛から難病患者福祉への移行	難病患者運動への助走	1948（昭和23）年 ｜ 1969（昭和44）年	戦前からの患者運動の教訓を引き継ぎ、日本患者同盟の成立や朝日訴訟、また薬害や公害等の被害患者によって起こされた生活保障獲得運動は、後に薬害と分かるスモン患者に影響を与え、運動として高まり、患者組織である「全国スモンの会」結成に至る段階。
		難病患者福祉への移行	1970（昭和45）年 ｜ 1972（昭和47）年	スモン患者運動に励まされ、生活保障獲得のために他の難病患者が患者組織を立ち上げていくとともに、『難病対策要綱』策定を促し、医療費の全額公費負担という、直接的は患者福祉サービスを獲得する段階。
第二段階	難病患者福祉の確立と展開		1973（昭和48）年 ｜ 1997（平成9）年	スモン患者運動が活発化する中で「全国スモンの会」は分裂し、再組織化を図っていくが、それに並行してキノホルム説の確定を受けて熾烈な裁判闘争が全国的に展開される。その結果、「恒久対策」「薬事二法」の制定という勝訴和解に至る。このようなスモン患者運動に影響を受けながら、『難病対策要綱』に基づく患者福祉の充実・拡大が図られていく。さらに患者福祉を推進するために、スモン患者に限らない難病患者らは日本患者・家族団体協議会の成立を図り、その後の難病対策に影響を与えていく段階。
第三段階	難病患者福祉の再考		1998（平成10）年 ｜ 現　在	医療費の全額公費負担制度から患者の一部自己負担制度へ、さらに所得に応じた応益負担制度への切り替えにより、これまでの直接的な患者福祉サービスが崩れ、患者間の公平性に視点を置いた新たな患者福祉サービスの検討が求められる段階。

筆者作成

たのは、まず病気をもっているが故に起こる様々な生活上の困難に対する患者らの要求があったからである。[4] それも単なる困難ではなく、ウィルス感染説を中心とする様々な原因説によって引き起こされる偏見・差別を伴う社会疎外やそれらを含む生活上の困難であり、しかも、それが長期に及んだことである。また、患者らを支える医療・福祉専門職等の協力も得ることができた。患者と協力者は政策形成に積極的に関与し、施策の構築を促進したのである。つまり難病対策は積極的な患者運動の展開によって形成されてきたと言える。こうして疾病対策の目的は、社会防衛政策から患者の生活を護る福祉へと移行し強調されるようになる。

第1節　難病患者運動への助走
　［1948（昭和23）年～1969（昭和44）年］

　この時期は、戦前からの患者運動の教訓を引き継ぎ、結核患者救済のための日本患者同盟の成立、その同盟の支援を受け憲法25条の生存権・健康権について正面から問うた朝日訴訟における生活保障獲得運動が展開される。さらに、30年代に入り始まった高度経済成長は、絶好の財政環境の中で厚生行政の体系的な整備・充実や医療技術の進展を促した。しかし、その一方で水俣病やイタイイタイ病、四日市喘息などに代表される公害、サリドマイドやスモンに代表される薬害、そして高齢者問題など高度経済がもたらした弊害や矛盾は徐々に顕在化し対応が迫られる事態に発展するという、相対する二面性を生んだ。時代の変化は新しい障害者を次々と生み出し、これまでの伝染性疾患や精神障害をもつ患者とは違う、国の責任としての対策が求められるようになったと言える。すなわち、それまでの疾病対策の目的であった社会防衛政策から、朝日訴訟も含めて患者の生活を護る政策への転換が求められるようになった。このような事態の中で、後に薬害と分かるスモン患者発生は多くの生活上の困難をもたらし、これが難病患者運動を促進し、患者組織である「全国スモンの会」結成に至る。

難病対策の歴史においては、1964（昭和39）年9月、原因不明のスモンの全国的集団発生により旧厚生省は最初の調査研究班を組織化し、1967（昭和42）年4月まで調査に当たらせる。1969（昭和44）年4月、再び岡山県で集団発生し、社会的混乱を招いたために再度調査研究班を組織化する。同年9月、研究班はスモン調査研究協議会として再結成されるが、その際4つの専門別班（疫学・病原・病理・臨床班）に編成される。これが難病対策の歴史の始まりであり、患者運動の影響を受けて始まった（巻末資料3「難病の歴史」参照）。
　本節では、30年代に始まる難病患者運動を境に、運動の契機となったそれ以前の状況と、以降それに影響を受けて難病患者運動が促進された状況を見ていく。

1．難病患者運動の契機
1）戦前の疾病対策と患者運動
　我が国において最初に着手された疾病対策[5]は、伝染病対策であり、それからやや遅れて精神障害者対策が実施された。前者は1897（明治30）年の伝染病予防法制定で、後者は1900（明治33）年の精神病者監護法公布で始まる。旧厚生省の設置が1938（昭和13）年であるので、それ以前から各対策の骨子は完成されていたと言える。[6]このように早期から、特に伝染性疾患と精神障害者の対策が講じられたのは、これら病気が国家や社会にある種の危機をもたらすからである。伝染性疾患の蔓延は、人口の減少や生産力の低下などにより国家機能を著しく低下させるため、感染源を除去して伝染の拡大を防止することである。天然痘の場合は、1911（明治44）年の種痘法により予防措置が徹底された。しかし、その他の結核やハンセン病等の伝染性疾患については、患者の隔離が当時の対策の中心であった。[7]一方、精神障害は当時の社会においては病気に対する無知・無理解、それに伴う偏見の中にあって精神障害者の存在自体が人々を不安に陥れて社会の混乱を招く。社会を安定させて秩序を守るためには、患者を社会から隔離する必要があった。前記の精神病者監護法、1919（大正8）年の精神病院法により対策が講じられ、収容や隔離が進められた。[8]このように、戦前の疾病対策の目的は富国強兵政

策の一環であったとも言われるが、その線上には社会防衛政策があった。[9]
また、これ以前において既に社会防衛政策に対する患者運動が展開されていた。

　難病患者の運動は、スモン患者運動に始まると言われている。そして、難病に限らない患者運動は戦後療養所に入院した結核患者の中から組織的に始まっていった。これら戦後の患者運動は、戦前のコレラ一揆やハンセン病患者の自治会の組織化という、2つの患者運動の教訓を引き継ぎ発展したとも言われる。[10] コレラ一揆は、富国強兵政策をとる明治政府が1886（明治19）年にコレラ流行の効果的な防疫対策として、地方衛生行政の実務を警察行政に委ねたことに端を発する。この警察行政による実務は、戦後の1948（昭和23）年まで続いている。この間、九州の三菱高島炭鉱での患者大虐殺事件や、『女工哀史』に紹介される患者の毒殺・抹殺事件など多くの事件が発生する。抵抗の形態は、工場におしかけたり、交番を襲って火をつけるなどという自然発生的な一揆的な形態であったと言われる。[11] 一方、ハンセン病患者運動は明治以来のハンセン病隔離撲滅政策と宣伝の中で、1908（明治42）年の「らい予防法」制定による患者の強制収容、療養所の設立が進められたことに端を発する。この運動は患者らへの抑圧と社会の偏見をさらに増長していく。また、粗悪な療養生活や逃亡者の監禁など人権侵害に抗議した患者らは、自衛組織として療養所の中に患者自治会を結成していった。[12] このようなハンセン病患者に対する抑圧と処遇は、コレラ対策と同じく富国強兵政策の一環であり、社会防衛政策であった。

　以上2つの患者運動の共通性は、自らの命と暮らしを護るという人権意識のなかで組織的に発展したことであり、これが戦後の患者運動に教訓を与えたといわれる所以である。

2）日本患者同盟の結成と朝日訴訟

　1945（昭和20）年の敗戦の年の暮れ、結核療養所の患者らは組織化し運動をすすめていたが、これが後の日本患者同盟の結成に繋がっていく。
　我が国の結核患者の死亡率は、明治・大正期から既に高率で、死因順位の

2位、3位を占めていた。昭和期に入っても死亡率は年々上昇し、1935（昭和10）年から1950（昭和25）年までの10年間は死因順位の首位を独占した。[13] かつて結核が亡国病と言われたように、国は結核の蔓延が人々の生活状況あるいはその元となる社会状況と深い結びつきを有していることを認識し、社会問題として官費をもって施策に乗り出した。[14] その中で、全国各地の病院・療養所には患者自治会ができていったが、その背景には患者らの病気をもって生きる苦しみがあった。結核患者で朝日訴訟の原告である朝日茂は、「結核患者が療養する病院・療養所は、陽のあたらない場所であり、社会の谷間であり、患者は、抵抗する力も弱く、必然的に政治のしわよせを集中的に受けた。そのうえ、当時不治の病といわれた結核は、精神的にも経済的にも患者を孤独にし、患者は社会から引き離され、二重三重の苦しみと悲しみを味わされていた」と述べている。[15] 太平洋戦争中の真っ只中にあって戦力になれない患者ら、特に病院・療養所に入院している患者らへの処遇は厳しい状況にあったものと考える。その中にあって、職員等の不正事件を機に患者らは組織化して自治会を作り、病院・療養所の民主化要求へ運動を発展させていった。[16] この運動こそが、戦後の患者運動として戦前の患者運動の教訓を引き継ぎ、命と暮らしを自衛する原点から生まれた。[17] やがて点在する自治会は、横の連携をとりながら全国レベルでの組織化・統一化に努力した結果、1948（昭23）年3月には日本患者同盟（当初、日本国立私立療養所患者同盟と名称、翌年改称）を誕生させた。その基礎となった合同宣言においては、固い団結と患者運動の確固たる体系化の重責を担い、創造的画期的存在として位置づけることを発表し、日本の新しい民主主義運動の一翼を担って登場した。[18]

　1953（昭和28）年頃より生活保護の引き締めと打ち切りが始まり、過酷な収入認定による扶養義務の押し付けが行われた。入院料の一部負担に耐え切れず、療養を中断して退院する者や自殺に追い込まれる者、資産を処分する者、親子の縁を切る者、協議離婚する者など病院・療養所は悲劇のるつぼと化していったと言われる。[19] この背景には、朝鮮戦争特需景気後の不況を、「バターより大砲」で乗り切ろうとする当時の吉田内閣の防衛力増強、社会保障全面削減政策があった。

1957（昭和32）年8月、結核療養中の朝日茂は日本患者同盟の支援を受け、「現行生活保護基準は憲法第25条に違反している」ということを問題にして、厚生大臣を東京地裁に訴えた。事件の発端は、生活に苦しむ兄に朝日の扶養義務を押し付け、今まで支給されていた入院患者の生活扶助費月額600円（その基準は肌着2年に1着、パンツ1年に1枚、足袋1年に1足、ちり紙1日に1枚半、タオル1年に2本等という非人間的な内容）の支給を打ち切るという、生活保護基準の変更通知であった。朝日は、「人間性を崩壊させている保護基準に抗議しないでいる限り、いつまでたっても人間らしく生きることができなかった」と述べている。[20] 生活保護基準の非人間性を身をもって経験し、抑えきれない怒りが提訴を促したと言える。これは、「人間裁判」の始まりとも言われたが、1960（昭和35）年10月に原告勝訴の画期的判決が下された。判決は、生活保護法は憲法第25条に基づく具体的な効力規定であり、「健康で文化的」とは、「人間に値する生存」「人間としての生活」と言える内容でなくてはならない。最低限度の水準は予算の有無ではなく優先的に確保すべきものとする内容である。また、判決は憲法の歴史にもふれ、日本国憲法は、「自由権的人権」に止まらず「生存権的基本的人権」を保障していると指摘した。[21] 勝利判決は具体的成果を生み、生活保護基準は前年度比23％の引き上げ、問題の日用品費は47％の引き上げ、国家予算に占める旧厚生省予算の比率も最高になった。この判決に対し国は控訴し、1963（昭和38）年11月の第二審高裁判決において朝日は敗訴した。しかし、朝日は政府を弁護し、生活保護を「お恵み」と考える旧態依然たる判決内容に対して上告したが、1967（昭和42）年に原告死亡のまま敗訴となった。

　朝日訴訟の歴史的意義について、二宮厚美は、「第一は憲法を暮らしに生かす運動に一つの原型をつくりだしたこと、第二は生存権保障の具体的なあり方を問うたこと、第三は、人間らしい生活とはいかなる内容をもつものであるか、その追究視点を明らかにしようとしたこと」の3点を挙げている。[22] さらに、生活保護法に基づく生活支援サービスの問題点が憲法25条の生存権・健康権に反することを当事者自らが国に提訴し、人間としての生活の要求を行ったことは第四点目として加えることができる。つまり朝日訴訟

は、それまでの疾病対策の目的が社会防衛政策にあることに対し異を唱える出来事であった。また、結核患者ではない多くの病気で苦しむ患者らに対し、個人的とも思われる生活問題が法の下で論議することができることを知らしめたことである。ここに朝日訴訟の大きな意義が感じられる。同時に、この朝日訴訟を支援してきた日本患者同盟の組織力と実行性は、朝日訴訟を通してその存在を位置づけたとも言える。

　以上、この時期は、従来の衛生行政に見られた社会防衛政策から医療や福祉的な措置によって患者を保護することを目的とした政策への移行期であり、後の難病患者の生活運動に大きく影響を与えた。

2．難病患者運動の促進
1）スモン患者発生の拡大化と「スモン調査研究協議会」の発足

　1955（昭和30）年代に入った我が国は、神武景気とともに経済政策が最優先の大量消費生活が始まろうとしていた。その年の6月に森永ヒ素ミルク中毒事件が発生し、同じく各地では神経症状を伴う腸疾患が原因不明の奇妙な病気として散発的に発生する。これが後のスモンである。

　スモン（SMON）とは、Subacute Myelo Optico Neuropaty（亜急性脊髄・視神経・末梢神経障害）の略で、下痢や猛烈な腹痛などの腹部症状の後、両下肢の疼痛を伴ったしびれ感と脱力感、筋力低下による起立・歩行困難、重症例では両下肢完全麻痺や視力障害など神経症状を伴う神経の変性疾患である。また、他臓器の機能障害も見られる。患者は2040人（平成16年度末）で、年々減少傾向にある。スモン調査協議会の原因究明によりキノホルム剤[23]による薬物中毒であることが確定されたのは、1971（昭和46）年9月であった。

　1957（昭和32）年、山形市での発生を皮切りに原因不明の症状をもつ患者が次第に全国各地で集団発生をし、学会での症例報告が相次いで行われる。原因については、代謝障害や中毒、ビタミン欠乏、血管障害、感染などの諸説が唱えられたが、確定的なものはなかった。[24] 1964（昭和39）年に埼玉県の戸田地区と蕨地区で集団発生（戸田奇病とも言われる）をみたのを契機に、同年9月に旧厚生省は最初の調査研究班（班長・前川孫二郎、前川班とも呼ばれる）

を組織化した。[25] これは、当時戸田がオリンピックのボート競技会場になっていたため、原因究明が急務になっていたからである。ウィルス感染説が有力視される中、[26] 全国実態調査の報告もまとめられず、具体的成果もあげられないままに研究助成金は打ち切られ、研究班は患者が急増するさなか1967（昭和42）年3月までの2年半で解散となる。その理由として、「サリドマイド事件で薬害の実態を把握していたにもかかわらず、スモンが同種の薬害事件である可能性を疑うことなく研究費さえ渋って対応を遅らせた」と言われるように、[27] まず低額な予算が挙げられる。当初年間予算30万円、3年目に140万円と増額させた経緯があるが、いずれも当時としてはかなり低額なものだった。[28] これが原因究明を遅らせた要因と言われている。[29] あるいは、当時旧厚生省は水俣病などの公害問題や、1963年ごろをピークに頻発していたサリドマイド事件の対応に追われ、スモンを重視していなかったとも言われている。[30] したがって、スモン研究は前年に発足していた国立病院の研究班が個人的に研究を続けているだけになった。サリドマイドとスモンが同じ薬害問題と誰も気づかないまま、1967（昭和42）年の1年間で患者発生は1000人をはるかに越えていた。[31] その後も患者は年を追って増加し、当時アメリカの政権下にあった沖縄を除き全国で病気の発生が確認されている。その間、国も放置できないほど患者の多発と伝染病の疑いが大きな社会問題に発展していった。特に、1967（昭和42）年から1968（昭和43）年にかけて、岡山県の井原市や湯原町（真庭市）を中心に再び見られた集団発生では高い罹患率と死亡者が出ている。井原市においては、ウィルス感染説を肯定する広報や条例改正などの事態に発展し、直ちにメディアで取り上げられた。この一連の事態とは、スモン患者に対する偏見・差別や社会疎外、あるいは患者自身の高額な医療費負担や心身の苦痛、生活苦などの生活上の困難であり、やがては社会的混乱をもたらし、患者を相次ぐ自殺に追い込んでいった。

　旧厚生省は、これらの事態を放置できず、1969（昭和44）年2月に防疫課長を井原市に派遣する。また、国会でもスモン問題が取り上げられ、旧厚生省は同年4月に再び低額な研究費でスモン研究班（班長・甲野礼作、甲野班とも呼ばれる）を立ち上げる。目的は、患者の実態把握と原因究明、治療方法等

の研究であった。[32] 研究班長の甲野は、前川班の構成メンバーでもあった経験から低額な研究費を危惧し、各方面へ働きかけた。その結果、当初の300万円から500万円に増額された。[33] 同時に、スモン患者やそれを支えるメディア、国会議員等の研究費の大幅増要求により、旧厚生省は5000万円の特別研究費の支出を認めて調査に入らせる。研究班は、9月にスモン調査研究協議会（以下、スモン協）として再結成され、4つの専門別班（疫学、病原、病理、臨床班）に編成される。そして、岡山市で第1回総会を開いて正式に発足した。[34]

スモン患者の要求運動は、早期の原因究明に繋がったことから、大きな功績として後に加えられる。また、旧厚生省の再度の研究班立ち上げの目的が当初社会防衛政策にあったと言える理由の1つに、国立予防衛生研究所ウィルス中央検査部長という、ウィルス研究の専門家である甲野を研究班班長に起用したことが挙げられる。

2）患者組織「スモンの会」結成

スモン協が発足した頃、共通の病苦を背負った患者間に繋がりが生まれ、山形県では1967（昭和42）年6月に全国に先駆け、「米沢市スモン患者同盟」（後の山形県スモンの会）が結成される。これは、当事者である患者と診察をしてきた医師らがともに、「患者同士が励ましあいながら救済の道を切り開こう」と会作りに奔走した結果である。月1回の例会を行い、市を通して厚生大臣に陳情書を提出しているが、その内容は、「原因究明のために研究体制の早急確立」「機能訓練のために国公立の施設設置」「医療費の全額公費負担」の3つである。これらは後の『難病対策要綱』の柱に重なる内容であったが、翌1968年7月には旧厚生省から具体的成果の得られない回答内容が返ってきている。会の結成は近県へ波及し、「宮城県スモン患者同盟」では医師の講演会や会報の発刊を重ねる。この東北の動きに並行して首都圏でも患者会が結成されている。1967（昭和42）年12月、埼玉県戸田町にある中島病院内に、「中島病院スモンの会」が結成される。この病院では、当時東京大学神経内科の医師らがスモン研究をしていたこともあり、以来多くのスモン患者が診

察を受けるようになっていたところである。会は、病院健康相談室のヘルス・カウンセラーである川村佐和子を中心につくられ、患者宅や入院先訪問による聞き取り調査、医療相談会、機能訓練など積極的な活動を行っている。[35]

　患者会の結成は、主に医療機関を中心に進んでいったが、全国の患者の多くは孤立無援のままであった。そうした思いが新聞・雑誌で見られるようになり、患者間の文通がまとめられて患者交流誌「スモンの広場」[36]の発刊へ繋がっていく。このような機会がさらに各地にスモンの会結成を促していった。1969（昭和44）年9月には、各地の患者が集まり討議を行う。その結果、相互扶助と原因究明を目的として、「全国スモンの会」結成が決定されて結束を始める。この全国組織化の気運が高まる中で、決定的要因となったのは旧厚生省へ陳情する患者を取り上げたテレビ報道であり、それにより組織力の必要性を痛感させられたためと言われる。[37] そのさなかの10月、岡山市で開かれた第27回公衆衛生学会では、スモンの原因としてウィルス感染の疑いが浮上し、新聞でも大きく取り上げられる。その直後から患者の自殺が相次ぐ。飯島伸子は、スモンの研究グループのまとめを被害構造図で表している。[38,39] それによれば、感染説の発表・報道は患者及び家族に精神的被害をもたらすとともに、地域・学校・職場・家庭における社会疎外からも精神的被害をもたらし、人間関係・社会関係の悪化へ繋がるというものである。このように患者らは追い詰められた状況の中で、11月には「全国スモンの会」を結成し、原因究明と治療法の確立を旧厚生省に働きかけるとともに、各支部の結成促進、会員交流のための「スモンの広場」の続刊、行政に対する救済活動の展開等を開始する。この会の構成メンバーには当事者のみならず、先の川村らも加わった点に注目される。[40]

　以上、当初スモンの病因で最も感染説が有力視されたことにより調査研究班が組織されたが、これは社会防衛目的にあった。この目的により、スモン患者たちは社会疎外とそれを含む生活上の困難を体験することで生存権・健康権に反することを当事者自らが強く感じ、全国組織結成の必要性に迫られたと考える。衛藤は、「問題は山積みしていたにもかかわらず、何ら対策を講じようとしないばかりか、感染説を支持するような行政の対応に、患者た

ちは不信感を募らせた。患者の厳しい現実を訴え、その救済を要求する患者たちの運動は、無策の行政や患者の社会疎外を増長するメディアに対する〈抵抗＝異議申し立て〉に他ならなかった」と述べている。[41] また、背後には患者らを支える医療福祉専門職や国会議員等の力もあったことは見逃せないが、このようなスモン患者の思いがその後の難病患者の運動を促した。

小　括

　難病患者に限らない患者運動は、戦前のコレラ一揆やハンセン病患者の自治会の組織化に始まる。この2つの共通性は、自らの命と暮らしを護るという人権意識の中で組織的に発展したものである。その運動の教訓は、戦後の結核患者救済のための日本患者同盟結成に与えるとともに、その同盟の支援を背景に展開された朝日訴訟事件を介し、法の下で展開、現実化していく。さらに、社会は高度経済成長期に入り、後にキノホルムによる薬害と分かる神経症状を伴うスモン患者の発生が全国的に多発する。原因不明、高額な医療費負担、メディアによるウィルス感染説の強調等は、患者やその家族に対して偏見・差別を伴う社会疎外やそれを含む生活上の困難、自殺の多発等を招き、深刻な社会問題へと発展していく。追い詰められた患者らは、1969（昭和44）年11月に原因究明と治療法の確立を目的として、「全国スモンの会」結成と各支部の拡大等を図る。会はこの後、難病対策策定の主体的アクターの1つとして活動を展開することになる。一方、国は深刻な社会問題化している現状に対し、全国スモンの会結成より3ヶ月早い9月に低額な研究予算でスモン協を発足させて原因究明を急がせる。すなわち、戦前・戦後と貫き通されてきた教訓である、人権を基盤として命と暮らしを自衛する患者運動に反し、国の疾病対策の目的はオリンピックを目前として、あくまでも社会防衛政策に一貫したと言える。

第2節　難病患者福祉への移行
［1970（昭和45）年～1972（昭和47）年］

　この時期は、スモン患者運動に励まされ、生活保障獲得のために他の難病患者が患者組織を立ち上げていくとともに、『難病対策要綱』策定を促し、医療費の全額公費負担という、直接的な患者福祉サービスを獲得する段階である。

　難病対策の歴史においては、1970（昭和45）年9月、研究班のメンバーである椿忠雄（新潟大学脳研究所神経内科教授）がスモンの原因はキノホルムであることを旧厚生省に報告する。この報告を受けて旧厚生省は直ちに同製剤の販売停止措置をとる。1971（昭和46）年6月、4つの専門別班は6つのテーマ別部会に再編成し研究が進められる。1972（昭和47）年3月、スモン協はスモンの病因をキノホルムと総括し発表する。同年6月、厚生大臣の私的諮問機関である特定疾患対策懇談会が発足し、8疾患の研究班の設置、治療研究対象4疾患に研究協力謝金の支給の決定を行う。同年7月には公衆衛生局に「特定疾患対策室」を新設するが、さらに同年8月には難病対策室に変更・設置される。同年10月、スモン病をきっかけに『難病対策要綱』が策定され、行政対象とする疾病の範囲と3つの柱が含まれた（序章第1節1参照）。一方、患者間の繋がりは全国的な組織となって、その患者運動は活発化していく[42]（巻末資料3「難病の歴史」参照）。

1．スモン患者運動から難病患者の組織化
1）「スモン調査研究協議会」の原因究明とその功績

　1969（昭和44）年9月に再結成（疫学・病原・病理・臨床班という4つの専門別班に編成）し発足したスモン協は、研究の進展に伴って新しい問題や境界領域にある研究テーマが生じた場合には逐次その専門家を研究班に加える。また、研究の中間段階で頻繁に討論会をもち、研究結果を評価しながら次の段階に

進むという方法がとられた。[43] 翌1970（昭和45）年には、京都大学ウィルス研究所助教授・井上幸重のウィルス感染説（一般に井上ウィルス説と呼称）[44] が新聞紙上等で注目される中、キノホルムとの関連を突き止め、研究報告が行われている。[45] その報告に注目した椿は、同年8月に疫学調査研究の結果をふまえてキノホルムとスモンの関係を明らかにし、新潟県衛生部を通して旧厚生省に報告すると同時に新聞社に通知した。その動機について椿は、「一ヶ月警告が遅れると新しい患者が60人増える」[46] と述べている。旧厚生省は直ちに中央薬事審議会にかけ、同年9月にはその答申を受けてキノホルム剤の発売中止措置をとるに至った。

同年11月にはスモン協会議を開催し、疫学班と臨床班から調査報告がされた結果、患者のキノホルム服用率の高さやキノホルムの毒性の強さが明らかになった。翌1971（昭和46）年3月のスモン協総会においては、患者全国実態調査の結果報告と措置後の患者発生の激減、動物実験によるキノホルムの影響等により疫学的・病理学的に強い疑いが持たれるようになった。同年6月、これまでの4つの専門別班を6つのテーマ別部会に再編成（疫学・微生物・キノホルム・病理・治療予後・保健社会学）する。特筆されるのは、この中に全国スモンの会の要望によって保健社会学部会が設置されたことである。これは原因究明により、今の社会疎外や生活上の困難から逃れることができると考える患者らのスモン協の研究成果に寄せる期待が、井上ウィルス説に代表されるように時として崩され、一層深刻な事態におかれる可能性を懸念したからである。つまりスモン協の発表は自然科学としては正しくとも、それを受けとめる社会は必ずしも正しい理解をするとは限らないという患者側の指摘に対し、スモン協側もその種の研究の必要性を認めたことに基づく。[47] さかのぼる5月に初のスモン訴訟が起きて以来、スモン協は原因を断定するにあたり、より慎重な姿勢を示し、研究成果を積み上げていった。翌1972（昭和47）年3月、スモン協は3年間の研究の総括報告のための総会を東京・日本都市センターで開催した。そこで、スモンの病因について、「スモンと診断された患者の大多数はキノホルム剤の服用によって神経障害を起こしたものと判断される」[48] と総括する。また、同研究班は全国のスモン患者数を

11,007名と報告する。スモン協の成功は、その後に続く難病研究の先鞭をつけて1つのモデルを提示したと言われる。[49] それは旧厚生省の画期的な研究費の投入と、研究体制の強化によるものである。

このように旧厚生省が本格的にスモンの原因究明に乗り出した動機は、サリドマイド事件の苦い経験もあるが、スモンが伝染性疾患という疑いが強かったことも大きい。それは、前記したように班長の甲野がウィルス研究の専門家であったことからも明らかである。しかし、ただ単に伝染性疾患の疑いだけではなく、新聞等のメディアによる報道と、それに対する世論の強い関心があったことも事実である。メディアの影響とは、患者を社会疎外の対象にする負の面と、患者の生活の実態を世論に訴えて理解を求める正の面の2つの機能がある。スモン協の成功は後者の力によるところが大きい。ただし、岡山県井原市の事例に代表されるように、ウィルス感染説がメディアによって社会的混乱を招き、患者を窮地に追い込んだ事実は負の面として忘れることはできない。

2）スモン患者運動の促進と分裂

1969（昭和44）年11月に発足した「全国スモンの会」は、支部の拡大と会員の増大を目指して奔走した結果、全国各地に支部が結成されていった。

東北においては、前記した山形県、宮城県に次いで秋田、岩手、青森の3県でも支部の結成があり、交流を密にしながら発展した。1970（昭和45）年には、「東北スモンの会連合会」が結成され、東北リハビリテーションセンター設立やスモン対策委員会設置など県知事に陳情を行う。翌1971（昭和46）年には、福島県支部の結成・参加により、連合会は「東北六県ブロック会議」に改名される。

近畿においては、1969（昭和44）年の「兵庫県スモンの会」結成を機に和歌山、京都、岐阜、大阪、奈良と毎年支部の結成が続く。兵庫県の活動では、感染説が広まる中での患者発掘に難航しながらも社会的孤立が患者同士の絆を強くした。運動方針を、「一人の自殺者も出さない」「難病救済運動の1つとして市民とともに運動する」と掲げ、会員の意見や医療情報を盛り込んだ

「おたより」の定期発行、街頭カンパや署名運動を展開する。[50]

東京においては、1970（昭和45）年4月に東京支部が結成され、治療費の軽減措置や専門医療機関の設置、スモン病による身体障害に関する認定の促進など都知事へ要望書を提出する。当時、各支部の自治体請願は総じてこのような内容であったと言われる。[51] 都知事への要望書は、都立府中病院に神経病総合センター設置（現・都立神経病院）という形で実現した。東京に次いで、神奈川、埼玉、千葉と結成が続く。

九州においては、1970（昭和45）年の大分・佐賀のスモンの会結成を皮切りに福岡、長崎、鹿児島と続く。大分県の活動では、結成の年の11月に「お知らせ」を発刊し、患者発掘に奔走するが、感染説が広まる中で難航する。このような患者らの活動はやがて世論に反映され、スモン対策の希求の声は次第に高まっていった。また、スモンの会は1968年末の全国6団体から1970年末には25団体、1972年末には沖縄を除き41団体へ拡大する。[52] そのさなかの1970（昭和45）年9月のキノホルム剤発売中止措置は、スモンの会にも多大な影響を与えた。措置と同時に全国スモンの会は代表者会議を開催し、スモンとキノホルムの因果関係が明確になり次第、国と製薬会社であるチバガイギー、武田薬品、田辺製薬の3社（以下、会社名省略）に対し損害賠償請求と刑事告訴を検討する旨を決定して準備を始める。患者らはスモンに対する認識を変え、裁判に大きな期待を寄せた。[53] 支部の急速な拡大も、このような患者らのスモンに対する認識の変化と期待が拍車をかけたとも考えられる。また、この頃には同じ薬害であるサリドマイド事件の裁判が繰り広げられていた時期で、そのこともスモン患者の思いを増長させたのではないかと考える。[54,55] 川村佐和子は、「原因はキノホルムであることが解明され、しかも、患者の多くは主治医の処方により服用していた事実があきらかにされたのだが、この事情を背景に、当時のスモン患者は医療に対する不信を根底にもち、その孤立感は大きいものであった。ここに患者が全国的に1つの団体として結集する凝集力のつよさや社会が問題解決を共有しようとする力の原因がみいだせる」と述べている。[56] 全国スモンの会は、「スモンのような薬害は二度と起こしてはならない。このいきどおりとねがいが運動の原動力とならなけ

ればならない」[57]と会員に呼びかけた。翌1971（昭和46）年5月、スモン協の原因追究を背景に2名の患者[58]を原告として東京地裁に損害賠償請求の第一次提訴を行い、続いて7月にも2名の第二次提訴を行う。それ以来、各地で患者会による集団訴訟が提起される。翌1972（昭和47）年5月には全国スモンの会結成以来の初の総会が開催されたが、これを機に会内部の不祥事が表面化し、[59]会の分裂の気配を示すようになった。会の運営に不満を持つ患者らは、「全国スモンの会の姿勢を正す会」（以下、正す会）を結成する。正す会の提案は、「患者自らが助け合い励まし合って、歪んだ医療を告発し、二度と再び悲惨な薬害患者を生み出さないように社会に働きかける組織」への再編であった。[60]しかし、この提案は受け入れられることなく、同年11月には「全国スモンの会」から離れ、結果2つの会に分裂した。これにより東京地裁の原告も2つに分裂し、原告団の再編とともに地方での提訴が続いた。同時に、患者らは外に向かって被害体験を語る機会をつくり、それに影響を受けて反薬害を訴えるグループが各地で結成されていった。

　1972年9月、東京では学生を中心とする「キノホルム被害者を支援する会」結成を皮切りに、当事者やそれを支援するグループの結成が見られる。また、裁判が始まった後も引き続き多くの支援グループが結成され、患者と共に行動した。[61]これは、「被害者自らの運動を」という正す会の呼びかけと、全国各地の患者らの提訴を機に外へ出る機会が増えたことによる社会のスモンに対する認識の高まりにある。また、スモンを挟むこの時期はサリドマイドをはじめコラルジル、ストレプトマイシン、クロロキン等の様々な薬害も発生していたことから、さらに人々の薬害に対する意識を高める環境が整えられていったとも言える。その被害者らは、スモン患者らと共通した生活上の問題を抱えており、薬害裁判も活発化する中で交流が行われる。1972（昭和47）年10月には、関東地区の薬害被害者及び支援者により、「薬害を告発する被害者と市民の会」が結成される。機関紙の発行や旧厚生省に対する抗議・要求運動を展開し、検討されていた薬害救済制度に対しその本質を鋭く批判していった。[62] 1973（昭和48）年になってからも北海道、宮城、静岡、京都、大阪、兵庫など支援者グループの結成が続き、患者らと行動を共にした。同年

6月からは本格的な審理もスタートする。

3）難病患者の組織化と「全国難病団体連絡協議会」の誕生

　全国スモンの会は、社会疎外や生活上の困難からスモン協の原因究明に期待をかけると同時に、社会疎外や高額な医療費負担による経済的困窮、さらに自殺などの問題に何ら対策を講じようとしない行政を批判し、救済要求の運動を開始する。旧厚生省、旧大蔵省に対する陳情活動の展開はやがて公明党議員の関心を呼び、国会で審議されることとなる。[63] それは、さらにスモンと類似の問題を抱える疾患にも波及する。

　1970（昭和45）年2月、スモン患者会結成と並行してスモン患者と同様の問題を抱えるベーチェット病患者を支援する医師らによる「ベーチェット病患者を救う医師の会」が結成された。患者らは、原因不明で治療法もなく高額な医療費の支出と、主に働き盛りの男性を襲うために収入を断たれて経済的破綻を来たすなどの問題を抱えていたことに触発されたものと考える。ベーチェット病に関する研究費の獲得やリハビリテーション施設の設立、治療費の公費負担、患者の生活保障を掲げて国会請願を行う。同年6月には当事者の会である「ベーチェット病友の会」も結成されている。膠原病系の特定疾患の当事者団体としては初めての団体の結成であった（膠原病系関連疾患の当事者団体としては既にリウマチがあった）。また、1964（昭和39）年3月に結成されていた「社団法人日本筋ジストロフィー協会（前身・全国進行性筋萎縮症児親の会、翌年に東京進行性筋萎縮症協会（略称・東筋協）に改称）」においても、治療研究費の増額や病児の収容病床の確保など、旧厚生省や国会に対して陳情活動が行われていた。[64] 1970（昭和45）年3月の衆議院・社会労働委員会を皮切りに公明党はこれらの病気を「社会病」と称し、スモンの実態調査資料を提示するなどしてその対策を国会の審議に乗せた。その後、当事者や研究者等の参考人意見聴取が行われるなどして自民党医系議員の関心も高まった。結局、医療費問題については、「1ヶ月の間に20日以上入院したスモン患者に対し、治療方法解明の研究協力の謝金という名目により、月額1万円の支給（都道府県もほぼ同額支給）を46年7月から実施する」ということで決着をみ

た。[65]これは、実質的には医療費の自己負担の軽減に繋がる対策ではあるが、あくまでも研究費の枠内での対策であった。その後も各疾患についての問題が取り上げられていった。

　1971（昭和46）年2月、ベーチェット病患者を救う医師の会は、難病救済基本法試案を作成し新聞紙上に掲載する。これを機に、メディアは「難病」を慣用語として使用するようになった。また、この試案はベーチェット病に限らない難病患者の救済を主張した。その理由として、単にベーチェット病問題として捉えていたのでは絶対に解決されないこと、広く難病全体に対する厚生行政の姿勢を改めさせない限り一歩も前進できないこと、の2点をあげている。[66]同年5月の衆参両院・社会労働委員会において試案の審議が繰り返されたが、否定的な研究者の参考人意見聴取などによって廃案となった。[67]その試案はのちに『難病対策要綱』策定の参考にされるとともに、会は難病患者の運動に継承された。

　全国スモンの会、ベーチェット病友の会に続き、全国膠原病友の会、日本肝炎友の会、全国筋無力症友の会、全国多発性硬化症友の会、東京難病団体連絡協議会等の患者組織が結成される。1971（昭和46）年11月に全国膠原病友の会の前身である患者会を立ち上げた一人である森田かよ子（現・埼玉県障害者協議会常務理事・埼玉県膠原病友の会代表）は、当時新聞を通じて知り合った同じ膠原病患者2名（両名とも既に死亡）とともに、生活困難な状況に「黙ってはいられない」という共通の思いで患者会の立ち上げを決心する。その立ち上げにあたり、「日本患者同盟の結成、その後の朝日訴訟、サリドマイド事件、スモン事件など先輩方に勇気づけられた。それがなければ泣き寝入りしたかもしれない」と述べている。[68]原因不明で治療方法もなく、その上に精神的・社会的・経済的に困難な状況に立たされているという点では各々の疾患に共通し、彼女らを大いに励ます要因になったものと考える。その後、各組織は「難病友の会」という名称で8団体が結集し、[69]難病団体としての活動を通して組織力を強化していった。そこに旧厚生省の、連合の組織化要請があり、準備会を結成する。1972（昭和47）年4月には全国スモンの会、全国膠原病友の会、ベーチェット病友の会、日本リウマチ友の会、全国腎炎・

ネフローゼ児を守る会、日本肝炎友の会、全国腎臓病患者連絡協議会、東筋協、全国筋無力症友の会、全国精神障害者家族連合会の10団体参加の下、全国難病団体連絡協議会（略称・全難連）として結成大会が開催される。会長は東筋協の専任理事長が兼任し、事務局を東筋協においた。声明文の中で目的について、「国民本位の医療と福祉体制の確立」と「生涯にわたり人たるに相応しい生活保障」の2点を掲げ、各組織間の「共通利益」をめざして活動を開始した。[70] 2年後に社会制度審議会に提出した「願い書」は、難病患者の諸問題と医療福祉政策の課題を明らかにしたものと高く評価された。また、その年の国民春闘では患者組織としては初めての大臣折衝も実現した。このように、全難連は全国スモンの会と同様に難病対策策定の主体的アクターの1つとして活動を展開することになる。[71] この47年度は予算案決議、厚生大臣の私的諮問機関である特定疾患対策懇談会の発足、公衆衛生局に特定疾患対策室設置、研究協力謝金対象の拡大などが決定された年でもある。

2．『難病対策要綱』策定による患者福祉サービスの始まり
1）『難病対策要綱』の策定とスモン患者救済

　全難連結成の一方、昭和47年度の予算案決議が行われて約5億3,000万円が計上され、6月には特定疾患の決定及び対策の推進に当たり厚生大臣の私的諮問機関である特定疾患対策懇談会が12名のメンバーで発足する。この懇談会では、47年度の調査研究を行う対象疾患として8疾患（スモン、ベーチェット病、重症筋無力症、全身性エリテマトーデス、サルコイドーシス、再生不良性貧血、多発性硬化症および難治性肝炎）を取り上げ、総額2億2,000万円の研究費により、これら疾患の原因究明と治療予防に関する研究が実施された。また、難病対策を推進するため、同年7月には公衆衛生局に特定疾患対策室が設置され、従来各局で個別に実施されていた難病対策の窓口の一本化を図り、情報の収集、実態調査、調査研究の推進を行うことになる。さらに、治療方法解明のための研究に協力した受療者に協力謝金を支給する治療研究対象疾患を、46年度から継続しているスモンのほか新たにベーチェット病、重症筋無力症、全身性エリテマトーデスの3疾患を加えて計4疾患に拡大する。総額3億

1,000万円の予算により、これら疾患の治療研究事業が実施された。[72]

　同じく7月に組閣された田中新内閣は、難病対策の拡大推進を掲げ、48年度予算における重点事項の1つに取り上げた。これを受けて難病プロジェクトチームが設置され、難病対策の具体的検討が行われた。同年8月には、組織改正により特定疾患対策室から難病対策室に変わる。ここでは情報収集、調査研究、治療研究、さらに旧厚生省の難病対策の窓口となることを目的とした。同年10月には検討内容がまとめられ、『難病対策要綱』として発表された。この中には、行政対象とする疾病の範囲を、①原因不明、治療法未確立であり、かつ、後遺症を残すおそれが少なくない疾病、②経過が慢性にわたり、単に経済的な問題のみならず、介護などに著しく人手を要するために家庭の負担が重く、また精神的にも負担の大きい疾病、と2項目に整理している。そして、これらにかかる疾病に対し、①調査研究の推進、②医療機関の整備、③医療費の自己負担の解消、の3つの柱が含まれている。なお、ねたきり老人、がんなどのように別の対策があるものは、この対象から除外された。

　1967（昭和42）年6月に結成された「米沢市スモン患者同盟」が出した陳情書、1970（昭和45）年3月に結成されたベーチェット病患者を救う医師の会が出した難病救済基本法試案等に代表されるように、『難病対策要綱』は患者らの悲願であった。特に「医療費の自己負担の解消」は、たとえその目的が治療法解明のための研究協力謝金であったとしても、患者らにとっては医療費給付という直接的患者福祉サービスとして捉えられる。

　なお1972（昭和47）年7月において、スモン患者救済は正式に難病対策の対象に含まれていた。その理由として、第一に、予算の効率があげられる。当時、スモンは同じ生活問題をもつベーチェット病を初めとする他の難病に波及し、それらを一括して難病対策が形作られようとしていた。そこで、あえてスモンを他の難病から切り離して別の施策を講じるよりも、その中に留めておくほうが予算的にも、また手続き的にも望ましいと判断したためである。[73] したがって、『難病対策要綱』の要件になる「原因不明」に反して、原因が明らかなスモンが対策の対象に含まれるようになった。これに関連して

第二に、スモンの病因が長く不明であったことが挙げられる。サリドマイド事件はすぐに病因が明らかになったが、スモンは長く不明のままであった。それが、偶然にも他の難病に引き続いていく結果となったと考える。これらの理由により、今なおスモンが『難病対策要綱』策定の契機となったと言われる所以である。しかし、スモンが難病対策の対象でありながらも他の難病と異なる点は、長く熾烈な裁判で勝ち取った生活保障が恒久対策として今なお継続されていることである。第三に、スモン患者らの、あくまでも「難病」の範疇に位置づけておきたいこだわり、そのための運動の展開の結果である。それは、他の難病患者らとの共通理解のもと、原因究明と生活保障獲得の運動の展開の必要性を感じていたからである。

２）医療費問題と患者福祉サービス
　昭和47年度調査研究対象疾患8疾患は、48年度においては、さらに12疾患が追加されて計20疾患、5億3,000万円の予算で実施される。同じく47年度治療研究対象疾患4疾患は、48年度においてはさらに2疾患が追加されて計6疾患、6億3,600万円の予算で実施される。これは入院、通院を問わず、社会保険各法の規定に基づき、これら受療者の医療費の自己負担を解消することとなっている。つまり47年度までの4疾患は入院の場合に限定されていたが、48年度からの6疾患については通院まで対象が拡大されるという注目される内容である。[74] また、1964（昭和39）年9月に初めて研究班（前川班）ができた時の年間予算30万円を振り返れば、それから約10年の間にいかに難病が大きな社会問題として、そして国の重要課題となっているかが理解できる。この医療費の公費負担の補助根拠とする対象や位置づけについては、各委員会や審議会等で検討が繰り返された経緯がある。
　その問題の第一は、対象の範囲である。つまり当初は入院患者に限定されていたが、研究班の調査結果からスモン患者の場合、外来治療者が全体の約60％を占める。このことから今後の改善すべき点として指摘があった。これに対し、国は48年度から入院及び通院患者に対象を拡大した。[75] さらに問題の第二は、医療費の拠出先についてである。当初から治療研究への協力謝金

という名目で研究費枠から拠出されていた。その理由として、１つの地域では情報収集ができにくい希少性疾患患者のデータを全国規模で集積することであった。これについて、日本医師会は必然的に患者数が限定されることから予算的に歯止めがかかる仕組みになっていることを批判している。[76] また、研究者からは研究費のかなりの部分が患者の医療費等に支出され、研究に影響を来たすため非能率性を指摘している。[77] これら意見に対し、国は法律補助による公費負担に対し消極的姿勢を示し、対象疾患及び対象の拡大、内容について改善を行うに止まった。[78] その結果、48年度からの変更に至った。衛藤は、法的根拠のない予算補助では財政逼迫による打ち切りの恐れ、患者数が多くなった場合の患者切り捨ての恐れ、研究費枠ではその配分による研究者の不満の恐れ、など３点をあげている。[79]

以上、研究費枠内での医療費公費負担については今日難病対策の法制化問題を含め論議されるところであるが、患者にとっては直接的な患者福祉サービスの獲得として捉えられる。このように患者にとって福祉的要素が大きい理由として、第一に、スモン患者運動の影響を受けて難病対策が社会疎外、高額な医療費負担や心身の苦痛・生活苦などの生活上の困難に対して始まった。第二に、スモンに影響を受けて始まった他難病患者らの組織化・運動化の歴史は、患者に福祉サービスとしての印象を与え続けてきた、の２点を挙げることができる。したがって、医療費公費負担分は本来、研究の謝礼金が形を変えたものではあるが、患者にとっては直接的福祉サービスの始まりと言えるのである。

３．スモン患者運動の影響と果たした役割

スモン患者運動は、他の難病患者の組織化とその運動、その後の難病対策に多くの影響を与えた。その理由として、第一に、スモン患者の社会疎外や生活上の困難など厳しい現実が基本的に同じであったこと、第二に、大型の研究プロジェクトや研究協力謝金という医療費の一部助成を獲得した全国スモンの会に触発されたこと、の２点が挙げられる。しかし、スモン患者運動が他の難病患者運動と明らかに違うのは、生活上の厳しい現実を訴え、その

救済を要求する運動であったことである。また、衛藤の言葉を借りて言うならば、無策の行政や患者の社会疎外を増長するメディアに対する「抵抗」であり「異議申し立て」であったことが大きな動機となっている。一方、他の難病患者運動はスモンを契機とした難病問題に対する社会的関心が高まる中で、むしろそうした動きに乗ずる形で組織を結成した。つまり難病問題においては、衛藤が言うように、スモン患者運動に見られる「抵抗」という動機はなく、「同調」であり「請願」運動であった。[80]

さらに、スモン患者運動が果たした役割は大きい。それは各組織の結集を図り、難病団体としての組織力を強化し、難病対策を促進させたことである。スモンは結果的には薬害であったが、その原因であるキノホルムを突き止めるまでには長い時間を要した。その間、患者らは厳しい生活の実態に遭遇する中で患者の福祉施策の重要性に身をもって感じるとともに、同じ境遇に立たされている他の難病患者と足並みを揃え、共通理解のもと原因究明と生活保障獲得運動の展開の必要性を感じた。そのためには、公害と同じ救済法ではない、あくまでも「難病」の範疇に位置づけていたかった。これを行政に認めさせるためには、早急に各組織に呼びかけ、連帯を図る必要性があった。[81] その呼びかけに応じたのが先の8団体であり、この後全難連の結成・活動に引き継がれていく。

小 括

スモン協における原因究明に向けた努力は、ウィルス感染説と並行する中、1970（昭和45）年にキノホルムとの関係性を明らかにし、1972（昭和47）年3月にはキノホルム説が確定された。その間、全国スモンの会は社会疎外と生活上の困難な中で支部や会員の拡大に向けた活動を行うとともに、行政に向けた救済要求運動、国と製薬会社に対する損害賠償請求を行う準備を展開する。1971（昭和46）年5月には東京地裁に初の第一次提訴を行い、以降東京地裁及び各地裁に順次提訴を続ける。これは患者らを外に向かわせ、積極的な活動を展開する機会となったが、同時に活動を支援するグループの結成が各地で相次いで見られ、共に活動を行っていく。1972（昭和47）年5月に初

の全国スモンの会総会が開催されるが、これは会分裂の方向に向かう機会となった。

　これらスモン患者の運動は、他の難病患者に影響を与え、以降患者組織の結成が続き、1972（昭和47）年4月には10団体参加の下、全難連が結成される。この後、この全難連は難病対策策定の主体的アクターの一つとなっていく。特にベーチェット病友の会結成誘因となったベーチェット病患者を救う医師の会は、後の『難病対策要綱』策定の参考にされたと言われる難病救済基本法試案を作成するとともに、「難病」を慣用語として使用する契機をつくった。同年10月には『難病対策要綱』が策定され、行政対象とする疾病の範囲と、これにかかる疾病に対する3つの柱が立てられた。特に、この柱の1つである「医療費の自己負担の解消」は、本来研究謝金を目的とするにも関わらず、患者にとっては直接的な患者福祉サービスとして経済的負担の解消に繋がった。

　以上、1972年はスモン患者にとって、また難病患者にとっても転機となる重要な年と言える。第一に、キノホルムを原因と確定したこと、第二に、全国スモンの会が分裂したこと、第三に、全国スモンの会を含む10団体の難病団体が組織化し、以降難病対策における政策形成の主体的アクターの1つとなったこと、第四に、『難病対策要綱』策定により実質的に患者福祉サービスが始まったことである。特に第四について、スモン協の原因究明はウィルス感染説による対策の一環であったことから、当初の疾病対策の目的はそれまでの社会防衛政策を引き継いだ形となっていた。しかし、社会疎外や生活上の困難は、社会防衛政策ではない患者個々の生活に即した対策の要求が求められるようになった点から難病患者福祉への移行期となった。

──註────
　1）長宏は、結核患者の組織である日本患者同盟の運動が生活保護法、健康保険法、結核予防法等の制度改善に果たした役割を高く評価している。これに対し衛藤幹子は、結核患者の運動は法案という既に一定の形を成した政策が、国会というチャンネルを通して合意を形成する過程での異議申し立てであったと評価し、難病対策の政策過程との違いを明らかにしている（長宏「患者運動」衛藤幹子『医療政策過程

と受益者—難病対策による患者組織の政策参加—』信山社、1993年、p.3）。
2）その理由について、立川は、「（世界的にも未だ医学水準が低い中で、）公衆衛生的な施策に期待するほかなかった。当時の対策としては、清潔・消毒・隔離の三点であったが、第一の方法つまり伝染病対策の根本策である環境整備は金がかかるため、富国強兵策と対立し、この面はひどく立遅れ、政府は従って第二・第三の方法のみに力を注ぐことになる」と述べている。さらに、このことは後にふれる地方衛生行政の実務を警察官僚の手に移してしまう結果につながり、日本医療において衛生行政そのものを停滞させる要因にもなったと述べている（立川昭二『病気の社会史—文明に探る病因』ＮＨＫブックス、p.184）。
3）衛藤・前掲書、p.83。
4）医療・福祉の領域で当事者が組織化し、運動に自己投入するのは、国や行政に何らかの行為を要求する場合と自己の権利が侵害され、その回復、補償を求めるときである。前者は、さらに行為を行うことを要求する場合と行為の中止を求める場合とに分けられるが、医療・福祉の運動としては圧倒的に作為要求が多い。日本患者同盟の運動や、この難病運動もこれに含まれる（衛藤・前掲書、p.59）。
5）疾病対策には、健康保険などの医療費の問題を取り扱う財政面の対策、医療機関、医療従事者の数や配置、マンパワーの養成などの医療サービスの供給体制に関わる対策、個別の疾患毎のその対応を図る疾病対策の3つに分類される。難病対策は、この疾病対策の1つに位置づけられる。今日では、難病対策、結核対策、感染症対策、精神保健対策、成人病対策、がん対策など対象疾病の範囲が拡大されている（同上、p.81）。
6）同上、p.82。
7）同上、p.82。
8）明治33年の精神病者監護法で始めて公権力により精神病患者を監置する手続きを定めているが、医療的な保護規定は含まれていない。大正8年の精神病院法においても、実際の病院の数は少なく、実働していない。当時の患者調査でも私宅監禁を含め、収容されている患者は全体の2割に満たない状況であった。したがって、精神障害者の隔離政策の実際は、医療的な保護とともに、十分に目的が果たされていなかった（同上、p.82〜83）。
9）日本患者同盟40年史編集委員会・編『日本患者同盟40年の奇跡』法律文化社、1991年、p.10。
10）同上、p.11。
11）同上、p.9。立川・前掲書、p.179〜195。
12）日本患者同盟40年史編集委員会・編・前掲書、p.10。立川・前掲書、p.241〜245。
13）加賀谷一『結核作業療法とその時代—甦る作業療法の原点』2003年、p.18〜19。
14）社会問題とは、伝染病の蔓延が人口の減少、生産力の低下などのより国家機能を著しく低下させることの意味である（衛藤・前掲書、p.82）。

15) 朝日訴訟記念事業実行委員会編『人間裁判　朝日茂の手記』大月書房、2004年、p.34。
16) 戦時の食糧難は病院・療養所の患者にまで影響を及ぼし、病院の食事では生き延びることもできない患者らは自らの食料調達に必死で奔走しているなか、病院・療養所の中の悪質な管理者や職員が、わずかに配給された患者向けの食料や医薬品を横流しするという不正事件があちこちで起こった。患者らは、このような事件を許しておいては自分たちの命は守れないと立ち上がり、その運動は、隠匿物資の放出要求、悪質な職員の追放、病院・療養所の民主化要求へと発展する（日本患者同盟40年史編集委員会・編・前掲書、p.14）。
17) 同上、p.15。
18) 同上、p.21～22。
19) 朝日訴訟記念事業実行委員会編・前掲書、p.41。
20) 同上、p.40～41。
21) 同上、p.184～188。
22) 同上・二宮厚美「[解説]朝日訴訟が現代に問うもの」 p.190～203。
23) スモン（SMON）の原因であるキノホルムは、南米のインカ文明にルーツを見ることができる。当時人々は熱病にかかると、「キナ・キナ」（アカネ科の熱帯性常緑高木「キナ」の皮を干したもの）を服用していた。16世紀初めにインカがスペイン領になったのち、1632年に略奪された金銀とともに、イエズス会の宣教師たちによってスペイン、ローマに持ち込まれた。これを機にヨーロッパ中に知れ渡る解熱薬となり、植民地貿易によって富をもたらす商品の１つとなった。日本上陸は1913年で、腸内殺菌剤として輸入され、研究２年後には国内で製造が開始された。軍国主義化する日本にとって南方進出の場合、殺菌力の強いキノホルムは欠かせない薬であった。戦後キノホルムは、軍事的需要がなくなったにもかかわらず無審査で製造許可となり、安全神話と1961年の国民皆保険制度により薬剤の消費が伸び、厚生省は家庭への配置販売品に「整腸剤」としてキノホルムを認めた。（参考：実川悠太編『グラフィック・ドキュメント　スモン』日本評論社、1990年）。
24) 実川悠太編・前掲書、p.132。
25) 前川班とは、当時、日本神経学会会長である前川孫二郎が主任研究員を務めたことから呼ばれたもので、その班員には後のスモンの原因を判明させた椿忠雄などがおり、11名のメンバーで構成された（実川・前掲書、p.134）。
26) 1966（昭和41）年１月22の朝日新聞において、「厚生省前川班の調査により伝染病とほぼ判明」との内容の記事が掲載され、患者や家族を暗澹とさせるとともに、伝染病患者に対する社会の偏見や差別はそれまで以上に白眼視され、自殺する者もいたと言われる（岩手スモンの会『失われたときの叫び―薬害スモンとの闘いとその軌跡―』2000年、p.20）。
27) 岩手スモンの会・前掲書、p.20。

28) 1964（昭和39）年9月当初、年間予算30万円で、当時としてもかなり低額であったと言われる。次第に感染説が定着し、発足してから3年目を迎えた前川班は、感染説に対応して予算が140万円と増額されてから初めて疫学調査が行われている。1967（昭和42）年3月に旧厚生省は研究助成金を打ち切り、解散となる（実川編・前掲書、p.134）。
29) 1969（昭和44）年2月発足の研究班（甲野班）は、わずか1年程で原因を突き止めるが、これは前回の研究班（前川班）を翻って打ち切ったために原因究明が徒に引き延ばされたという国の不作為を明らかにしたと評価する者もいた（「第68国会衆議院社会労働委員会議第7号録」1972年3月16日、p.18～19衛藤・前掲書、p.10。岩手スモンの会・前掲書、p.20）。
30) 実川編・前掲書、p.134。
31) 実川編・前掲書、p.135。
32) はじめて「スモン」の記事が掲載されるが、内容は薄い。全国実態調査から45年10月末で患者数は7,856名である。キノホルムの販売中止の行政措置は9月であるが、8月から患者が減少傾向にあると述べられている。新発生患者の中に、キノホルムを服用していない者がいることに注目されている。また治療研究費によって医療費の軽減を図ることが示されている（昭和46年版厚生白書、p.149）。
33) 1969（昭和44）年2月に研究班が再結成されるが、前回のメンバーであった甲野礼作が班長となって、低額な予算では前回の前川班の二の舞になると各方面に働きかけて増額されている（実川編・前掲書、p.138）。
34) 実川編・前掲書、p.138。
35) 実川編・前掲書、p.136。
36) 「スモンの広場」の発刊のきっかけは、1968（昭和43）年8月2日付の毎日新聞に載った群馬県の患者家族・平方昇一（平方学園事務長・42歳）の「スモン患者間で手紙を交換したい」と言う数行の投書である。これに対し、大変な反響を呼び、全国から数十通もの手紙が寄せられる。平方はそれらをまとめて、患者交流誌として2回発行した。これは、患者らが切々と綴った闘病生活の記録などが和文タイプで打たれ、病院や地域を越えた患者同士のつきあいがつくられていったと言われる（実川編・前掲書、p.137）。
37) 「思いを決定的にしたのは、44年4月に、旧厚生省に陳情するスモン患者を取り上げたNHKテレビ〈時の動き〉の報道が、スモン感染説を強く印象づけるものに編集されていた。これは、患者が報道への協力の意図を報道関係者に納得させるだけの組織力を持っていなかったためであり、今後のスモン患者のあり方を強く認識させられた」という川村佐和子の記述に基づく（川村佐和子「スモンの会の歩み」衛藤・前掲書、p.103）。
38) 片平洌彦『構造薬害』農文協、1994年、p.51（飯島伸子『薬害スモン』大月書店、p.152引用）。

第 1 章　社会防衛から難病患者福祉への移行

39) まとめとは、1971年から1983年までの13年間に行われたスモン調査研究協議会及び特定疾患スモン班の共同研究班によるスモン患者の実態調査ならびに研究についての討論をさす（片平・前掲書、pp.49～50、p.52）。
40) 「全国スモンの会」大会では、東京の患者・相良（41歳、経営コンサルタント）を会長に、副会長・川村佐和子らを選出し、事務局を中島病院内においた（実川編・前掲書、p.140）。
41) 衛藤・前掲書、p.101。
42) 参考：疾病対策研究会監修『2004年版　難病対策ガイドブック』
43) 衛藤・前掲書、pp.88～89。
44) 井上ウィルス説とは、スモン患者の糞便検体からウィルスを分離し、その細胞の変化が認められたという研究結果である。この研究は、岡山県のスモン集団発生で感染説がマスコミを通じて拡がりだした頃から始められ、甲野が追試しているさ中の1970年2月6日、「朝日新聞」の一面に大きくスクープ・掲載され、患者らに深く衝撃を与えた。この後もいくつかのウィルス説が新聞紙上に発表されるなど、結論づけられたかのような報道が繰り返された。患者らは、これを機にさらなる原因究明を訴えたが、これが機会となって、スモン協は後に疫学班の中に保健社会学部会を発足させていく（実川編・前掲書、pp.144～145）。
45) 1969（昭和44）年秋頃、井上がスモン・ウィルスの研究に着手していた同時期に、東京大学神経内科及び薬学部系の医学者らもスモン患者に良く見られる緑舌や緑便の研究に着手していた。1970（昭和45）年6月のスモン協総会では、井上のウィルス説が注目される中、東大の報告が行われるが、この報告は、出席者らに興味が示されなかった。つまりスモン患者にしばしば見られる緑舌や緑便の原因は、下痢止めなどに飲む、ありふれた腸内殺菌剤の副作用であったため病気とは直接関係ないと思われたからであると言われる。しかし、軽く片付けられたキノホルムの毒作用に対し、新潟大学脳研究所神経内科教授・椿忠雄一人が注目し、キノホルムの毒性を疑って直ちに疫学調査に入っている（実川編・前掲書、pp.146～147。志鳥栄八郎『冬の旅』徳間文庫、1990年、pp.206～207）。
46) 実川編・前掲書、p.146。
47) 1969（昭和44）年10月の中間発表において、病因を疫学的推論に終始し、研究が患者の苦しみのすべてに応えるものではないことを知らされたこと、1970（昭和45）年2月に出されたウィルス説が報道されると、患者隔離が問題になったこと、などから患者側の懸念があった（衛藤・前掲書、pp.105～107）。
48) 「スモンの会全国連絡協議会・各地スモンの会・各地スモン弁護団と厚生大臣・日本チバガイギー・武田薬品工業・田辺製薬株式会社との確認書　昭和54年9月15日」片平・前掲書、p.224。
49) 衛藤・前掲書、p.89。
50) 実川編・前掲書、p.142。

51）実川編・前掲書、p.142。
52）実川編・前掲書、p.143。
53）実川編・前掲書、p.154。
54）サリドマイドは、安全な睡眠薬として開発・販売されたが、妊娠初期の妊婦が服用した場合に奇形を持つ新生児が多数誕生した。日本では1958（昭和33）年1月から販売され、翌1959（昭和34）年から被害者が誕生する。1962（昭和37）年に販売が停止されたが、回収が徹底されていなかったために1969（昭和44）年まで被害者が誕生した。明らかになっている数としては309（男171、女138）人であるが、実数は大きいのではないかと言われている。被害者は、1962（昭和37）年末に法務局に対し、人権侵害を訴えているが、侵害の事実なしと結論を受ける。翌1963（昭和38）年6月、製薬会社に対し、最初の損害賠償請求が提訴される。1974（昭和49）年11月までに順次和解が成立する（参考：宮元真左彦『サリドマイド禍の人びと―重い歳月の中から』筑摩書房1981年）。
55）参考：増山元三郎編『サリドマイド―科学者の証言』東京大学出版会1971年
56）川村・星・前掲書、p.58。
57）実川編・前掲書、p.148。
58）全国スモンの会は会長である相良と兵庫支部の患者である志方サキ子（商家・53歳）の2名を原告として立てる（実川編・前掲書、p.148）。
59）原告側有利になっていない訴訟内容、計上されるべき収入の脱落や不明瞭な支出等の会計の不備、総会に対する多数派工作等、幹部の給与支払いを含む活動費の詳細等により会長への批判が高まる（実川編・前掲書、p.154）。
60）具体的な提案の内容は、①会運営の民主化と公開の原則、②支部の自主性尊重、③会計の明朗化、使途不明金の返却、④相良会長、川村副会長の引責退陣、⑤訴訟を自らの手で行う、⑥励まし合い助け合う、本来の会にもどすことを、人任せでなく全国の患者が協力して自らの手で成しとげよう、の6点である（実川編・前掲書、p.154）。
61）1973年に入り、裁判を挟み、「北海道大学スモン研究会」「仙台スモン研究会」「静岡スモン患者を助けるグループ」「京都大学スモン研究会」「大阪スモン患者を支援する会」「兵庫キノホルム薬禍を告発する会」など、その地の被害患者らと行動を共にする。支援者は学生運動などを経験した無党派の医学生・薬学生が多く、次第に運動が拡大していくと、革新系の労働組合などが加わり、層が徐々に厚くなった（実川編・前掲書、p.158）。
62）「薬害を告発する被害者と市民の会」代表は、薬害問題の先駆的ジャーナリスト・平沢正夫であった。機関紙『薬害共闘』を軸に結束しながら、旧厚生省に抗議行動や要求行動を起こし、国が検討を進めている薬害救済制度に対しても、その本質を鋭く批判していった（実川編・前掲書、p.158）。
63）患者組織が何らかの対策を要求する場合、一般に旧厚生省を介し厚生大臣に陳情

第 1 章　社会防衛から難病患者福祉への移行

するのが一般的であるが、何度かの経験を通し、旧厚生省の予算を握る旧大蔵省への働きかけである。そしてそれに圧力をかけられるのは国会議員であることを学んだとき、衆議院議員で公明党の山田太郎の関心と一致し、自ら接触を求めてきた。宗教政党から国民政党への転換を図る公明党にとって格好の素材であったと言われる（「全国スモンの会結成大会特集」堀幸雄「公明党論―その行動と体質―」衛藤・前掲書、pp.107～108）。

64) 衛藤幹子は、難病対策（の歴史）を 3 つの局面に分類し、それぞれの局面ごとに注目すべき患者組織の成立過程を述べた。その 3 つの患者組織とは東筋協、全難連、全国スモンの会である。東筋協は施設医療を基盤とした難病対策への疑問から地域ケアという地域志向の対案を提起し、対策の修正を促した（参考：衛藤・前掲書）

65) 特に医療費問題について、旧厚生省が責任省庁として新たな対策の検討を行っても、旧大蔵省は筋書きのない予算支出は認めがたいという各々の立場やプライドがあり、公費負担という新しい予算枠を設けるまでには至らなかったようである（参考：衛藤・前掲書、pp.108～111）。

66) 守屋美喜雄「現代の難病―その実態―」衛藤・前掲書、p.117。

67)「難病対策基本法ができてしまうと、そこへ何を入れるか…それに入ったものは取り上げるが、そうでない新しくできた疾患をそこにまた加えていくというのは、非常に努力しなければならぬというようなことになってはまずい…難病というのは今後形も変わりましょうし、次々にいろいろなものがでてくるでしょうし…」と他の研究者とともに否定的な意見が述べられる（白木博次『冒される日本人の脳―ある神経病理学者の遺言「第68回国会衆議院社会労働委員会議事録第16号」』藤原書店、1998年、p.289）。

68) 2005年 4 月 4 日夜、森田かよ子に電話でインタビューを行う。

69) 8 団体とは、全国スモンの会、全国膠原病友の会、ベーチェット病友の会、日本リウマチ友の会、全国腎炎・ネフローゼ児を守る会、日本肝炎友の会、全国腎臓病患者連絡協議会、日本筋ジストロフィー協会を指す（衛藤・前掲書、p.121）。

70) 声明文の内容について、まず全難連の結成は、国民本位の医療と福祉体制の確立のために発言と参加の場を求め、いかなる疾病、障害者もその軽重にかかわらず、常に高度な医療と豊かな福祉の恩恵に浴し、生涯にわたり、人たるに相応しい生活が保障されることをめざすことにある。次に、医療の専門化と研究体制の確立、医療の社会化、医療の連続線としての福祉、従業者の質的向上と身分保障、貢献と責務、そして国民運動への展開の六点を基調に、個別利益を超え、難病患者、さらには国民の全体利益への貢献が強調された（衛藤・前掲書、p.122）。2005（平成17）年 5 月まで、講演会「難病を考える集い」の開催、旧厚生省への陳情活動、相談業務、施設見学等の活動は継続されてきたが、1986（昭和61）年 6 月にJPCが設立されてからは、各組織が全難連とJPCにまたがった形で所属していることもあり、徐々に歩調を合わせた活動に変化していった（参考：全国難病団体連絡協議会ホーム

ページ　http://www.nanbyou.or.jp/dantai/nanbyoudanren.html）。
71)「願い書」について、山手茂は全難連の運動を高く評価した上で、「難病患者の当面している諸問題と医療福祉政策の課題を明らかにした理論であり、難病患者運動が到達した最も新しい最も高い水準の理論である」と述べている。「願い書」は、会長である石川が大河内一男社会保障制度審議会会長と面談した際に説明した難病問題についての考え方をまとめたものである。その内容は、まず難病患者と家族の悩みとして以下8点が挙げられる。①締め出された患者（一般病院からの敬遠と納得のいかない診療や診断）、②金の切れ目は命の切れ目（差額ベッド料や付き添い料の自己負担が、家計負担となり、余儀なく退院）、③長い旅路の病院めぐり（診断までの長い療養期間と、それに費やす医療費負担）、④気軽にできない定期通院（介護費用負担など医療費以外の過重負担）、⑤間に合わない救急医療（困難なベッド確保）、⑥共倒れ寸前の難病家族（過重な労力的介護負担）、⑦見通しのない保護者亡き後の不安、⑧難病患者に及ばぬ保障制度（身体障害者手帳交付がされにくいために救済が届きにくい）。次に患者組織からの問題提起として大きく2点が挙げられる。①医療疎外の解決の方向—病院の外来や入院ベッドの過密、救急入院の困難性の実態は、国民皆保険制による医療需要の肥大や診療報酬で出来高払制による医療分野の競合性に大きく起因している。②難病対策からの転換、を挙げ、各々について具体的に説明が加えられている。特に注目されるのは、②の中の認定基準について、疾病指定で拾い上げるところに落ちこぼれが生じることを指摘し、救済の手を必要とする患者の医療、福祉的状態像により認定するべきことを述べている点である。（山手茂「医療福祉の課題」川村佐和子・木下安子・山手茂『難病患者とともに』1975年、p.232～243）。大臣折衝について、これは共通問題について指摘し要請することを目的としていたが、実際は各組織が疾病PR、資料配布に必死な場面が重なり、目的から大きく外れてしまった（衛藤・前掲書、p.180）。
72)『昭和47年版厚生白書』pp.119～120。
73) 衛藤・前掲書、p.123。
74) 衛藤・前掲書、p.127。『昭和48年版厚生白書』pp.131～134。
75)「第68国会衆議院社会労働委員会議事録第7号」p.22「第68国会衆議院社会労働委員会議事録第16号」p.3 衛藤・前掲書、p.124。
76)『日本医師会雑誌』第69巻8号、1973年、p.109衛藤・前掲書、p.124。
77)「第68国会衆議院社会労働委員会議事録第16号」p.10～11衛藤・前掲書、p.124。
78)『昭和48年度版厚生白書』p.133。
79) 衛藤・前掲書、p.124。
80) 衛藤はスモン患者運動と他の難病患者運動の戦略は同じであるとした上で、運動の動機づけと特徴の違いを表現した。つまり前者の運動は「抵抗」＝「異議申し立て」であり、それに対し後者の運動は「同調」＝［請願］であったと述べている（衛藤・前掲書、p.116）。

81）衛藤・前掲書、p.121。

第 2 章　難病患者福祉の確立と展開

[1973（昭和48）年〜1997（平成 9 ）年]

第 2 章　難病患者福祉の確立と展開

　本章は、前掲に示す表の第二段階にあたる時期である。この時期は、スモン患者運動が活発化する中で全国スモンの会は分裂し再組織化を図っていくが、それに並行してキノホルム説の確定を受けて熾烈な裁判闘争が全国的に展開される。その結果、恒久対策と薬事二法（薬事法改正と医薬品副作用被害救済基金法の 2 つを指す。以下省略）の制定という勝訴和解に至る。このようなスモン患者運動に影響を受けながら、『難病対策要綱』に基づく患者福祉の充実・拡大が図られていく。さらに、スモン患者に限らない難病患者らは、患者福祉を推進するために日本患者・家族団体協議会の成立を図り、その後の難病対策に影響を与えていく。この影響は下記の難病対策の歴史においても証明されるように、多くの施策・変更を繰り返した。

　難病対策の歴史においても患者福祉が充実・拡大していく状況が伺える。1972（昭和47）年10月に『難病対策要綱』が発表されてから、翌1973（昭和48）年 4 月に特定疾患調査研究対象疾患20疾患、特定疾患治療研究対象疾患 6 疾患が拡充され、これ以降、毎年度対象疾患の追加を決定する。治療研究事業については、医療保険による自己負担額を公費助成する直接的患者福祉サービスが本格的に発足する。同年 8 月、公衆衛生局の特定疾患対策室が難病対策課へ組織変更される。1974（昭和49）年 4 月、 9 疾患群について小児慢性特定疾患治療研究事業を創設するが、1990（平成 2 ）年 4 月には10疾患群に拡大される。[1]　1976（昭和51）年 4 月、特定疾患調査研究班は43研究班となる。年々対象疾患の追加とともに患者数も増加していく。さらに、1983（昭和58）年 2 月の老人保健法改正により70歳以上の医療費無料制度が廃止されると、高齢難病患者の増加が見られる。同年 8 月、老人保健法の一部負担金相当額を特定疾患治療研究事業による医療給付の対象とする。また、翌1984（昭和59）年10月には健康保険制度改正により健保本人 1 割自己負担導入と併せ、高額療養費制度（一般51,000円、低所得者30,000円）に血友病、人工透析の限度額10,000円の設定をする。1986（昭和61）年10月、国立精神・神経センターが設立される。1989（平成元）年 8 月、 7 都道府県において難病患者医療相談モデル事業を開始するが、翌1990（平成 2 ）年 4 月にはこの事業に訪問診療事業を新設・追加する。1992（平成 4 ）年 4 月、先のモデル事業を難病患

者地域保健医療推進事業に改め、医療相談事業の実施県を21県に拡大する。1993（平成5）年7月、公衆衛生審議会成人病難病対策部会に難病対策専門委員会（以下、専門委員会）を設置する。1994（平成6）年4月、特定疾患調査研究班が44研究班となる。また、先の推進事業の医療相談、訪問診療の実施県を47都道府県に拡大し、さらに在宅人工呼吸器使用特定疾患患者緊急一時入院事業を新設する。同年7月、専門委員会において中間報告を取りまとめ、了承される。同年10月、健康保険制度及び老人保健制度の改正により、入院時に係る食事療養費の標準負担相当及び訪問看護の基本利用料相当分を特定疾患治療研究事業による医療給付の対象とする。1995（平成7）年4月、先の推進事業に患者・家族教室（モデル事業）を新設するとともに、新たに特定疾患医療従事者研修事業を開設する。同年11月、特定疾患対策懇談会に特定疾患調査研究班再編成検討委員会（以下、検討委員会）を設置する。同年12月には障害者プランが策定され、「難病を有する者に対して、関連施策としてホームヘルプサービス等適切な介護サービスの提供を推進する」ことが含まれる。また専門委員会は最終報告を取りまとめ、了承される。1996（平成8）年2月、検討委員会は特定疾患調査研究班再編成計画（報告）を取りまとめ、了承される。同年4月には48研究班による特定疾患調査研究事業が開始されるとともに、難病情報センター事業、特定疾患調査研究事業に関する評価基準作成部会及び特定疾患治療研究事業に関する対象疾患検討部会（以下、検討部会）を設置する。1997（平成9）年1月に難病患者等居宅生活支援事業、4月に難病患者生活支援促進事業を開始する。同年3月、特定疾患対策懇談会は検討部会報告に基づき、旧厚生省に対し特定疾患治療研究事業の今後のあり方について再検討を要請する。また、公衆衛生審議会成人病難病対策部会は検討部会報告を受け、特定疾患治療研究事業の今後のあり方については総合的難病対策の検討と併せ、専門委員会に付託して検討を開始する。同年9月、健康保険制度改正により健康保険被保険者本人に係る一部負担割合を1割から2割へ改正、並びに健康保険制度及び老人保険制度の改正により薬剤に係る一部自己負担を創設する。また、専門委員会において、「今後の難病対策の具体的方向について」を取りまとめ、了承される。[2] 同年11月、財

政構造改革法制定による社会保障費と補助金の削減から難病医療費の個人負担化へ向かう(巻末資料3「難病の歴史」参照)。

第1節　難病患者福祉の充実・拡大

1．スモン患者運動の展開と再組織化
1) スモン患者運動の積極的展開

　1972 (昭和47) 年9月、東京で学生を中心とする「キノホルム被害者を支援する会」が結成され、これを機に患者らは裁判を挟み様々な社会運動や加害企業に向けての一斉行動など外に向かった活動を積極的に展開する。同時に、活動を通す中でスモン被害の実態の疎さに患者自身が気づかされていく。

　1973 (昭和48) 年3月、患者らは支援者の協力を得て初めて製薬3社に向け一斉行動を起こし、要求書を手渡す。その内容は、原因の確認、被害者への謝罪と法的道義的責任による裁判の早期終結、補償金と恒久補償案の提示、薬害防止確約、全資料の公開等5項目であった。[3] しかし、製薬会社の誠意のない対応に対し、抗議に参加した患者らの怒りははっきりした形で製薬会社へ向けられるようになった。それは単に補償の問題ではない、その枠を越えた薬害そのものを問う目を自分のものにしていったと言われる。[4] 同年6月、正す会を中心として東京をはじめとする9つのスモンの会の患者らは自ら、「キノホルム被害者を支援する会」の協力を得て実態調査を実施する。[5,6] 目的は、「現状把握とそれに基づく行政の難病対策の問題点の指摘」と「調査活動を通して被害者間、支援者相互の理解を深める」の2点であった。

　調査結果として、男性より女性患者が多く、男性は40歳代が、女性は60歳代が最も多く、その年齢を中心に患者が集中していた。寝たきり、あるいはほとんど寝たきり患者は約25％、間歇的に寝ている患者も含めれば約80％を占めた。日常生活の中で、ほとんど外出ができない患者は約40％いた。いや

な思いの経験では、「自殺まで思いつめた（47.9％）」「失業（30.8％）」「家庭不和で苦しむ（24.9％）」「就職できない（21.5％）」「怠け者と言われた（20.1％）」「医者に精神病と言われた（20.0％）」、ほか結婚や離婚の問題、お金がなくなり治療を中断するなどの内容が挙げられた。治療に関連する出費では、400万円以上が約10％（当時1世帯1年間の保健医療費は勤労者世帯年収199万円で、37,000円）いた。その医療費の工面について、所得や貯金・財産の切り崩しでも支払い困難になると、借金、公的扶助に頼る患者が約30％いた。また、感染説での差別体験について、約65％の者があったと答え、病名を隠している者が約11％、真実を述べてきた者は約34％で3人に1人の割合であった。以上の結果から、差別や生活上の困難が明らかになった。1971（昭和46）年から13年間に及ぶスモン患者の調査に入った片平洌彦は、「被害の深刻さとすさまじさに驚き、被害者の涙に自分も涙しそうになるのをこらえ、そうした被害をつくり出した加害者に心からの怒りをおぼえた。こうした日々の連続に、自分の顔から笑いが消え、そう暗くないはずの自分の性格がまるで暗いもののように感じられた」と述べている。[7] このような薬害による被害は、患者らに次なる行動を引き起こさせた。

　1972（昭和47）年10月に関東地区のスモン患者を含む薬害被害者及び支援者により結成された「薬害を告発する被害者と市民の会」は、1974（昭和49）年2月、旧厚生省の諮問機関である「医薬品の副作用による被害者の救済制度研究会」の内容公開等を求めて座り込みなどの抗議行動を起こした。[8] これ以降もキノホルム薬禍の責任追及、あるいはスモン事件にかかわるすべての資料の公開要求など活発な行動を展開する中で、患者らは救済を求める場であるはずの国さえも告発されるべき加害者であったことに気づかされていく。当事者であり、全国スモンの会結成の準備委員長でもあった志鳥栄八郎（音楽評論家）は、「わたしが怒りを感じたのは、主治医個人に対してよりも、むしろ、そうした日本の医薬行政全般に対してであった」と述べている。[9] 患者らは運動を通し、この医薬行政全般のあり方が見えてきたものと考える。[10] また、活動は製薬会社に対しても行われ、抗議集会やデモが展開される。さらに、生活苦による活動費や弁護士費用等の調達の必要性と社会の理

解を求め、街頭カンパやビラ配り、署名活動、巡回「薬害展」などの活動も行われた。

2）「全国スモンの会」の分裂と「スモンの会全国連絡協議会」の誕生

　全国スモンの会は、各支部患者会の拡大と内紛、各地での患者会による集団提訴と支援グループとの協調などにより全国的な繋がりが希薄化し、情報交換の場を失いつつあった。それは、これから向かう本格的な裁判に対する不安材料ともなっていた。1973（昭和48）年5月、これを危惧した新潟スモンの会会長・相馬公平（自動車修理業・62歳）は、現状とこれからの運動に向けて患者集結が急務であることを各スモンの会代表に対して訴える。その結果、26の会の代表が集結してスモンの会全国代表者会議を開催し、「スモンの会の大同団結をすすめる世話人会」を発足させて全国規模の再統一を目指した。[10] この主旨は、全国スモンの会から脱会した正す会が患者自ら、「助け合い励まし合い裁判に臨む」という提案に重なる。世話人会は厚生大臣に提出予定の要望書作成、それに基づく世話人会案決定などの活動を行ったが、その案の内容は補償や治療費に関する問題、薬害防止に関する対策等であった。[11] 同年12月に再度代表者会議を開催し、参加数30団体で80名の代表者集結の下、新しい組織結成の準備委員会発足、全国スモンの会参加要求、訴訟研究班結成などが行われた。翌1974（昭和49）年3月には多くの出席者の下、「スモンの会全国連絡協議会（略称・ス全協、議長・相馬公平）」が結成される。会の理念と目的は、前年5月の代表者会議からス全協結成の流れの中で議論された内容に沿ったもので、「自主・民主・公開・扶け合い・奉仕を理念として、被害者及びその家族の完全救済と薬害根絶を図る」とした。しかし、全国スモンの会の参加はなく、結局統一されないままス全協と全国スモンの会の2つの全国組織となった。これ以降、組織は熾烈な裁判闘争の中で分裂・再編を繰り返していく。

2．スモン裁判と生活保障の獲得

1）スモン裁判とその経緯

　1972（昭和47）年には、全国スモンの会内部の不祥事が表面化し、正す会が結成されて2派に分裂した。このことから、東京地裁の原告も2つに分裂して原告団の再編が行われる。全国スモンの会は、東京地裁では第一グループとして「原告協議会」をつくり、正す会は、東京地裁では第二グループとして「スモン訴訟東京地裁原告団」をつくる。これらとは別に東京地裁に提訴した「スモン東京原告団」が第三グループとして位置づけられる。これら原告団は、これ以降も分裂・再編を繰り返しながら変遷していった。また、各地においては個人提訴もあった。このような分裂と再編の要因は、各原告団の運動方針や被告である製薬3社による和解申し出、これに続く東京地裁の和解斡旋などを巡る患者への影響などが挙げられる。

　1973（昭和48）年6月8日、1971（昭和46）年5月の第一次提訴から約2年半を経過し、東京地裁においてスモン裁判は本格的な審理をもって始まった。東京地裁における原告総数は1,151名、請求総額は500億円にのぼり、東京地裁におけるだけでも1つの事件の訴訟としては司法史上最大規模のものであった。また、他の裁判所での審理に先行したことから全国の注目を集めた。東京地裁で最大の法廷は、全国各地から集まった原告や被害者たちによって満席となった。この席に着いた被害者の荒木克己（38歳、失明）は、8日付読売新聞に対し、「私は11歳と10歳の娘を抱えて生活保護で細々やってきましたが、早く判決が出てくれないと……、もう限界です」と答えている。[13] スモンが発生してから約16年という時の長さは、患者らの生活を困難な状況に至らしめてしまったことが荒木の言葉からも推測される。裁判長は可部恒雄で、3つの原告団は時間をずらして開廷された。裁判は原告・被告の双方の主張が展開され、その争点が明らかにされていった。1976（昭和51）年5月まで延べ27名の証人が法廷に立ち、この間、ほぼ月1回のスピードで開廷される。論点の第一は、原告被害（スモン発症）と被告の行為（キノホルムの製造・販売・許可）の「因果関係」についてである。第二は、被害発生を予見する

ことにより、これを回避すべきだったにもかかわらず行われなかった過失責任を問う、「被告の責任内容」についてである。第三は、どの程度の賠償金を要する被害内容か、また症状の度合いや生活状況を明らかにする「損害」についてである。以上3点で争われた。[14]

　第一の「因果関係」については、1974（昭和49）年1月のキノホルム説提唱者である椿を皮切りに、スモン協会長である甲野など研究者7名の証人[15]調べが開始された。また、被告チバガイギー側から申請された2名の証人[16]も法廷に立ち、キノホルム説と感染説の主張の争いが展開された。第二の「被告の責任内容」については、1975（昭和50）年1月から翌年3月まで15名の証人[17]調べが行われ、原告側、被告側の立場で主張が展開された。被告3社は、同剤が安全無害の評価が確立している点と、十分な安全性確認に基づく発売により被害発生の予見不可能で過失責任なしとする点の2点を主張した。国は、薬事法に医薬品の安全確保義務規定がないことから責任なしと主張した。第三の「損害」については、研究者3名の証人[18]調べが行われた。また、患者の認定方法については、グループ間で意見対立があるなど患者間の足並みがそろわない状況も見られた。

　東京地裁での裁判を皮切りに各地でも随時本格的裁判が始まった。1975（昭和50）年5月時点で総じて18地裁、原告総数2,830名、請求総額1,031億円にのぼった。最高裁判所を基点に各地裁は連携を取りながら証人や期日の事務的調整が行われた。一方、原告側の弁護団も交流会をもち、法律や訴訟実務について議論が交わされた。患者認定の鑑定方法については各地裁で決定が分かれるという事態も起きた。

　1976（昭和51）年6月、製薬3社は東京地裁を皮切りに各地裁でも因果関係を認めて和解を申し出た。この契機となったのは、第一に世論が被害者の側にあったこと、第二にサリドマイド事件が和解によって製薬会社の思い通りに動いたこと、第三にこの年にあったハワイ大学での国際シンポジウムでキノホルム説が優勢にあったこと、の3点が挙げられる。[19]一方、国は和解の意思はなく、あくまでも裁判で決着をつける方針を示した。さらに、各原告団も国と同じく裁判による決着を決定した。同年9月、東京地裁は第一次

判決予定原告の本人尋問を最後に証拠調べを終了し、次に製薬3社の和解幹旋依頼に対して可部裁判長の職権による仲裁的和解勧告がされた。これに対し、第一グループは「条件次第」、第二グループは「白紙」、第三グループは「絶対反対」を表明した。また、これら決定に関して各グループ内で意見対立が起こり、さらに、分裂・再編が繰り返される事態を起こし、運動にも大きな影響を与えていった。[20]

2）判決と和解、その影響

　1976（昭和51）年10月、田辺製薬は突如、ウィルス感染説を主張して和解申し出を翻したため、裁判の進行が遅れるという事態が起きた。[21] しかし、可部裁判長は和解案を2回にわたり提示し、原告・被告の双方に対して6月末までに態度決定を要求した。[22] その結果、田辺製薬と第二グループの一部、第三グループは和解拒否、判決要求の姿勢を崩さなかった。これに対し、国は和解派患者の要求運動に加えて加害責任を避けて患者救済の責任に止められたことから、和解参加の姿勢に転じなければおれない状況に立たされた。和解案では、サリドマイドの和解金額に比較し低額であったことと、恒久救済対策については当事者間の協議に任せたことの2点が注目される。

　東京地裁の6月末までの態度決定通告に対し、原告側は第一グループと第二グループの一部計35名、被告側は国と武田薬品及びチバガイギーの2社が和解の方向にまとまり、同年10月29日に調印の運びとなった。この4ヶ月間、国の介護費用に対する問題提示や田辺製薬の和解拒否に対する和解派患者の抗議行動、和解案の調整等に費やされる。[23] その結果、被害者救済のための恒久対策の検討までには及ばなかった。東京地裁における和解は地方にも影響を与え、12月には福岡スモン訴訟が結審した。国の和解申請に対して原告の拒否があった金沢判決は、被告の過失責任を認めた原告勝訴の判決が下された。しかし、因果関係論についてウィルス感染説も一部容認した判決内容は、原告・被告双方に不満を残し、その結果、田辺製薬以下被告側はすべて控訴に転じた。岡山では既に和解が成立していたにも関わらず、金沢判決に影響を受けた原告31名は、ウィルス感染説一部容認に勢いづいた田辺製薬を

被告として、生活困窮などを理由に補償金の仮払い仮処分申請を行い、6,000万円が差し押さえられた。この後も和解拒否する田辺製薬との抗争は法廷内外でも続いた。

　1978（昭和53）年8月3日、原告数2,848名の東京スモン訴訟は、初提訴以来7年ぶりに可部裁判長の下、原告勝訴の判決が言い渡された。判決の構成は、理由、因果関係、責任、損害の4篇からなり、全文1,000頁に及ぶものとなった。[24] その判決理由要旨は、第一に、スモンの病因について、キノホルムとの因果関係を認め、井上ウィルス説を含む要因はすべて否定した。また、キノホルム剤の長期大量投与を「社会的要因」として位置づけ、わが国の医療制度のあり方に深い反省を促した。第二に、被告製薬会社の責任について、発売前から副作用報告や動物実験報告など投与による神経症状の発症などは予測可能であったこと、服用に関する指示・警告の措置を講じなかったこと、おびただしい適応症を掲げて安全性を強調しつつ戦後の高度経済成長の波に乗り大量販売、大量消費の風潮を助長したこと、さらに、結果回避義務違反は年を経るとともに度を深くしていったことなどを指摘した。第三に、被告国の責任について、薬事法の欠落は法的義務として課する根拠が見出せない。しかし、昭和35年薬事法改正後まもなく起こったサリドマイド事件により、医薬品の安全性確保は憲法22条及び25条に則り昭和42年11月から薬事法は実質的に修正された。また、国民の生命・身体・健康に関する保護義務、キノホルム剤の製造・輸入の規制義務、被告会社との連帯損害賠償義務などを挙げ、行政責任の重大性と患者救済の必要性を指摘した。

　東京スモン判決は、金沢判決のウィルス一部容認を覆し、患者らにとって納得できる判決であった。その直後から和解派は田辺製薬への抗議行動を再び起こすとともに、国や他の2社への控訴断念を求めるなど判決の確定を目指したが、14日後の8月17日には被告側はすべて控訴に踏み切った。これについて、国は薬事法の改正に関して裁判所の判断との解釈の違いを理由として挙げた。これを受けて、原告側も同日控訴に踏み切り、東京スモン訴訟は高等裁判所の判決に委ねることとなった。この影響は地方にも及び、原告・被告双方は東京スモン訴訟と同じ行動を繰り返していった。控訴に踏み切っ

た国は、控訴理由とともに、「法的責任をめぐる争いとは別に、裁判所の勧告に従って、和解による患者救済をすすめたい」とする厚生大臣の発表があり、従来通りの方針を強調し、さらに投薬証明のない患者に対する救済措置拡大の方針も打ち出した。[25] 同時に、国は田辺製薬に対して説得工作にあたった結果、国の方針に従うことで同意を得た。これによりス全協の動向が注目されるようになった。

　1979（昭和54）年2月9日、ス全協は全国の原告団、弁護団、支援の総評系労働組合など1,000名を越す人々を東京に集め、大集会を開催して補償問題解決の方向を示した。これを機に、原告・被告の会談は全面解決に向かって進められていった。同年6月、和解派は被告側に対して健康管理手当ての要求書を提出する。激しいやり取りの結果、「健康管理手当て3万円（物価スライド付）」の回答を得て、これを受諾した。[26] また、同年8月には一旦は廃案になった「薬事二法」案[27] が臨時国会に再提出、審議され、9月7日に参議院本会議で全会一致の可決成立、次いで15日に調印式が行われた。[28] この調印により、全国27地裁、6高裁に係属していたスモン訴訟は内容に沿って和解していく。原告患者には、和解により和解一時金と医療費、障害年金（健康管理手当、介護費用）、[29] 死亡一時金、遺族年金などが支払われるようになった。

3．裁判の終結と積み残された問題

　和解は順調に進められたかのように見えたが、無投薬証明患者の取り扱いについては明確にされないまま取り残された状態にあった。[30]

　1980（昭和55）年3月7日の東京地裁（内田恒久裁判長）を皮切りに、各地裁においても無投薬証明患者の認定問題で和解が遅れ、それは高裁にも影響を及ぼした。同年11月11日、最後の地裁判決となった仙台地裁では売薬による発病患者を含む原告勝訴で、加えて重症患者の家族に初めて慰謝料が認められた。[31] その後、各地の提訴中の無投薬証明患者も含めて和解は進められていく。1989年1月1日時点のスモン訴訟の和解比率は98.6％であった。[32] 和解勝訴によって得られた一時金の平均額は低い地域で約1,650万円、高い地

域で2,996万円と格差が見られた。しかし、これは治療や生活のために膨らんだ借金を返済し、暮らしやすい家の整備、また、これからの療養費や生活費を補っていくには十分な金額とは言えない状況にあった。

　以上、スモン裁判は熾烈な闘争を経て障害年金などの「恒久補償」と「薬事二法」という薬害根絶の2つの施策の確立を導く患者らの勝訴和解となった。調印を終えて、ス全協は別紙「全面解決に至る経過」の中で、「患者の苦悩の根源が〈肉体的苦痛のあることからの叫び〉、〈安全であると信頼して飲んだ薬が毒であったことを知った悲しみからの叫び〉であり、これこそが裁判の原点である。それは、被害者救済と薬害根絶という患者の願いに繋がる。すなわちスモン患者運動の目的でもある」という主旨の内容を述べている。[33] 国は、これを「薬事二法」の制定という形で対応した。つまりスモンが薬害であるということを法的に証明したことや、患者救済のための填補金という名の賠償金が支払われたこと、健康管理手当の獲得など、これらは恒久対策として今日に至っている。ス全協は、同じく「全面解決に至る経過」の中で「人間らしく生きる権利」を回復するためには、恒久対策が国の施策の中に確立されることが緊急の人道的課題であるとも述べている。[34]

小　括

　スモン患者は、支援者との積極的な運動の展開によって次第に自らの病識を高め、その病気によって引き起こされる生活の実態に目を向け出す。それは、薬害への強い怒りと患者の生活を保障する恒久対策への希求となり、患者らの再統一のもと裁判に臨む動きへと進展する。1971（昭和46）年5月の第一次提訴から約18年間の熾烈な裁判闘争は、やがて障害年金などの「恒久補償」と「薬事二法」という薬害根絶の2つの施策である、薬事法改正と医薬品副作用被害救済基金法の確立を導く患者らの勝訴和解へと進む。そして、一部無投薬証明患者を残して患者らの希求は達成されていく。しかし、得られた補償内容はこれからの療養生活を十分に満たすものではなかった。裁判を通して、「人間らしく生きる権利」を回復するためには、恒久対策が国の施策の中に確立されることが緊急の人道的課題であること、つまり法的根拠

に基づいた難病対策の必要性が今後の課題として残された。

第2節 難病患者福祉の展開

1.「日本患者・家族団体協議会」の誕生と患者運動の展開
1)「日本患者・家族団体協議会」の誕生

「日本患者・家族団体協議会（略称・JPC；Japan Patients Council。以下、JPC）」の誕生は、今日までの難病患者を含む難治性疾患患者の運動を支える重要な基盤であり、これまでの全難連を含む種々の患者組織活動を上回る強力な主体的アクターとして認めることができる。

　1978（昭和53）年4月、地域難病団体等の提唱と、全難連や全国患者団体連絡協議会（以下、全患連）、その加盟団体等の協力の下、「ゆたかな医療と福祉をめざす全国患者・家族集会」が開催される。全国の患者・家族団体は共通する悩みや要求などの経験を交流するとともに、福祉後退の危機感に対する患者・家族の結束を促す目的があった。[35] このような活動の発展は、やがて全国統一の動きとなる。1983（昭和58）年6月、患者・家族の結束した運動を起こすため、「ゆたかな医療と福祉をめざす全国患者・家族団体連絡会（以下、連絡会）」を結成し、健保本人10割給付廃止に反対する運動などを展開した。この連絡会は、1984年、1985年にも「日本の医療・福祉と患者運動を考える全国交流集会」を開催する。その後、全患連が新しい全国運動を展開して発展的に解散し、連絡会の加盟団体が30団体になるなど患者運動の全国的な結集への気運はますます強くなった。1986（昭和61）年2月、連絡会の臨時代表者会議での話し合いを経て、同年6月15日に我が国における患者運動のナショナル・センターをめざして地域難病団体や疾病別全国団体等の参加の下、JPCが結成される。結成宣言の冒頭において、初めての患者運動の全国統一組織が発足したことを強調する。また、宣言では「人間の尊厳・生命の尊厳がなによりも大切にされる社会」をめざして、医療・福祉・社会保障の拡充のために様々な活動に取り組んでいくことを掲げた。これ以降、全

難連とともに難病対策策定の主体的アクターの1つとして活動を展開することになる。[36] また、ここでは難病患者に止まらない難治性疾患患者としての活動に切り替えられる。

2）「日本患者・家族団体協議会」における患者運動
　JPCは、1986（昭和61）年6月に結成後、社会保障関係予算の大幅な増額、難病・慢性疾患対策の拡充、医療・福祉の充実などをめざし、「総合的難病対策の拡充を要望する」国会請願署名行動に取り組む。1989（平成元）年6月、衆議院において初めて請願が採択される。1995（平成6）年の国会請願では衆参両院で請願が採択され、その後連続して採択されている。2002（平成14）年は全国から国会請願85万名の署名を集め、衆参両院205議員を回る。また、国会請願とともに陳情・要請行動にも積極的に取り組む。
　1989（平成元）年12月、かねてより内部障害者が除外されてきたJRの身体障害者運賃割引制度の適用拡大を求めて行動した結果、翌年2月から実施される。1994（平成6）年、入院給食患者負担導入反対運動では5日間、延べ250名の国会前座り込みをはじめ活発な活動を展開する。その結果、入院時に係る食事療養費の標準負担相当分を特定疾患治療研究事業による医療給付の対象となる。1997（平成9）年には、難病医療費公費負担制度に患者負担を導入する難病対策の後退に反対し、一層の拡充を求めて全難連をはじめ多くの団体（57団体）とともに、「難病対策の拡充を求める懇談会」を結成する。その他、地域難病団体等は独自で開催していた交流会を、1989年度からJPCに合流して各地域での経験や取り組みを交流する。また、研修・セミナー開催や機関紙発行などを行っている。[37]

2．難病対策と難病対策専門委員会
1）難病対策の展開
　1989（平成元）年4月、『難病対策要綱』の第4の柱として「地域における保健・医療・福祉の充実・連携」が追加される。この中で、地域保健医療推進事業として医療相談・訪問診療事業が拡大されていった。1993（平成5）

年12月、障害者基本法第2条付帯決議として難病患者を障害者の範囲に含むことが決定される。1994（平成6）年7月、地域保健法が公布され、難病対策が保健所事業の1つとして位置づけられる。この中で、地域保健医療推進事業は患者・家族教室や特定疾患医療従事者研修事業等が加わり展開される。1993（平成5）年7月に設置された公衆衛生審議会成人病難病対策部会・難病対策専門委員会は、1995（平成7）年に最終報告として、「難病を有する者に対して、関連施策としてホームヘルプサービス等適切な介護サービスの提供を推進する」報告書をまとめる。1994（平成6）年10月、健康保険制度及び老人保険制度の改正により入院時の食事療養費と訪問看護料の公費負担が決定される。1996（平成8）年2月、特定疾患対策懇談会特定疾患調査研究班再編成検討委員会報告として、「特定疾患調査研究班編成計画」が発表される。同年4月には『難病対策要綱』第5の柱として、「QOLの向上を目指した福祉施策の推進」が追加され、翌1997（平成9）年1月からは難病患者等居宅生活支援事業4事業（難病患者等ホームヘルプサービス事業、難病患者等短期入所事業、難病患者等日常生活用具給付事業、難病患者等ホームヘルパー養成研修事業）が展開される。さらに、難病情報センター設置によるインターネット上の情報提供が開始される。しかし、同年9月には難病対策専門委員会は「今後の難病対策の具体的方向について」とする難病対策見直し案を報告した。また、同時期、健康保険制度改正により2割負担、薬剤の自己負担制度の創設が行われる中、難病患者にとって厳しい局面の到来となる。

2）難病対策専門委員会による難病対策の検討と実施

　1993（平成5）年7月、旧厚生省は公衆衛生審議会成人病難病対策部会に難病対策委員会を設置し、21世紀に向けた総合的な難病対策の検討に入る。その際、患者団体及び都道府県からの意見聴取を参考に審議された結果、『難病対策要綱』の4つの柱に基づき今後の基本的方向とその具体的方向について検討が繰り返され、1995（平成7）年12月に最終報告がされた（詳細は巻末資料4「難病対策専門委員会の概要」参照）。この報告を受けた旧厚生省は、特定疾患調査研究班の再編成、難病情報センターの開設、難病患者等居宅生

活支援事業などの施策を実施する。最終報告の中で主な論点となったのは、対策の柱である「医療費の自己負担の解消」の具体的方向として、「対象疾患数に上限を設定した上で、この基準に照らし対象疾患を取捨選択することも考慮すべき」と結論付けた点である。1997（平成9）年3月、成人病難病対策部会は1995（平成7）年の最終報告を受け、改めて今後の難病対策の進め方についての検討を行った。ここでの主な論点は、特定疾患治療研究事業の選定基準について、「希少性については、調査研究事業の基準（患者数5万人未満）を適用して差し支えないものと思われる」と結論づけた点である。対策部会の報告は、旧厚生省で再検討するべく難病対策委員会に委ねられたため、同年5月に発足する。そこでは、「1995（平成7）年12月の最終報告に基づく施策の実施状況」と「特定疾患治療研究事業の対象疾患選定基準の検討経過及び難病対策の施策の現状について」の2点について検討が繰り返され、同年9月に最終報告がされた（詳細は巻末資料4「難病対策（専門）委員会の経緯」参照）。報告の中で主な論点となったのは、特定疾患治療研究事業の対象疾患の見直しとして、「研究費の効率的な活用という観点から、対症療法の開発状況等を勘案し、希少性や難治性が相対的に低下したと思われる疾患の他の疾患との入れ替えを行うことが考えられる」と結論づけたことである。また、「医療費の自己負担分を全額公費で負担している現行制度を改め、公費負担の一部を患者負担とすることが考えられる」と結論付けた点である。これに関しては、1998（平成10）年5月より医療費の一部自己負担制度の導入が実施された。

　以上、スモン患者運動に影響を受けて策定された『難病対策要綱』に基づき、難病対策は展開される。さらに難病対策の主体的アクターとして活動していた全難連に次ぎ、JPCの結成と活動は難病対策に影響を与えた。衛藤は、難病対策の政策形成においてはスモン患者を中心とする患者組織が政策情報の積極的な送り手として、また、政策形成の過程においても政策の形成・決定・実施・修正まで関与し、難病対策に強い影響力を行使したと述べている。[38] つまり早期から不安材料はありながらも、少なくとも1997（平成9）年半ばまではスモン患者運動の影響により、全難病患者にとって福祉の充実し

た段階と捉えることができる。

小　括

　難病対策は、難病患者運動の影響を受け、患者の生活に沿った政策形成を続けながら充実・拡大を図ってきた。一方、1970年代半ばより既に福祉後退の危機感を募らせていた患者・家族の思いは徐々に結束に向かい、1986（昭和61）年6月にJPCを結成する。この結成宣言では、戦前から引き継がれてきた人権が強調された。結成により、患者運動は難病患者福祉運動から難治性疾患患者福祉運動へと変換し展開することになる。また、難病対策策定の強力な主体的アクターとなっていく。しかし、このような患者運動の主体的拡大は、1998（平成10）年以降の難病対策を再考する行政の方策、つまり難治性疾患患者としての公平性や種々の制度との整合性を前面に打ち出し、医療費抑制を進める上で患者らの反発を抑えやすい状況がつくられていったと考えることもできる。やがて、患者らの福祉後退の危機感は現実化していく。社会情勢の変化とそれに伴う財政難等の影響は、非制度下にある難病対策にも及び、再考が求められる厳しい局面に立たされる。特に、医療費の公費負担という直接的福祉サービスは検討を余儀なくされ、難病対策専門委員会は審議を重ねていく。つまり患者福祉の充実期から不安定さが次第に強調されていく段階に向かい、新たな患者福祉の在り方が求められる。

―註―
1）1958（昭和33）年に児童の健全育成を目的として未熟児養育医療を始め、以降今日まで対象疾患の拡大を図ってきた。1974（昭和49）年に対象疾患の大幅な拡大を契機に、小児慢性特定疾患治療研究事業として統合し、医療の確立と普及を図り、併せて患児家族における経済的・精神的負担の軽減を図ることとした。現在、膠原病を含む10疾患が対象となる（厚生の指標臨時増刊『国民衛生の動向』2004年第51巻第9号、pp.94～95）。
2）参考：疾病対策研究会監修『2004年版　難病対策ガイドブック』。
3）実川編・前掲書、p.160。
4）実川編・前掲書「スモン訴訟東京地裁原告団『訴訟ニュース』1973年5月30日」p.160。

5）調査の動機は、自身の被害の程度の無理解への気づきと全体の実態把握であったと思われる。既に行われていたスモン協の疫学部調査では医学的事項のみであり、保健社会学部調査では調査対象が20人足らずの少人数であったことから、調査の必要性と患者自ら行うことの意義を感じたのではないかと思われる。また支援者の協力がなければ、書くこともできない患者が多くいたからである。調査概要として、1973年6月から9月にかけて実施、9つの会の患者約800名に送付、回収587（回収率約72％）で、結果は会報などを通じて報告される（実川編・前掲書、p.162）。

6）志鳥・前掲書、pp.264～268。

7）片平・前掲書、pp.49～50。

8）研究会は、1971（昭和46）年10月にまず研究班として設置・発足する。このきっかけは、当時の武田薬品・武田長兵衛社長の「企業防衛と被害者救済のためには製薬企業が保険に加入するのも1つの方法」との発言による。1973年には研究会に拡大される。患者らが問題にしたのは、研究班メンバーが薬害事件の加害者とも言える日本製薬団体連合会顧問で旧厚生省薬務局OBほか被害者にとって信頼できる人物の配置がされていない点、被害者救済制度の目的が企業経営の保守ではないかと思われる点などで、これらが患者らを活発な抗議行動に向かわせた。

9）志鳥・前掲書、p.213（この本は、1976年4月朝日新聞社より刊行されたものを文庫化したものである）。

10）「スモンの会全国代表者会議」において、以下の5つの方向が打ち出された。①各地の会は主体的に大同団結を図る、②患者救済の運動を協力して行う。③裁判闘争勝利のために協力する。④自主・民主・公開・扶け合い・奉仕の精神で会を運営していく（実川編・前掲書、p.164）。

11）要望書の基本的内容は、①完全救済を求める、②永代救済を求める、③加害者負担の原則を貫く、④医薬品事故救済制度の審議会及びその討議資料を公開し、被害者を参加させる、である（実川編・前掲書、p.164）。

12）第三グループとは、全国スモンの会に失望した一部の会員により構成されたもの。第一から第三グループの区分けは、もともと東京地裁が便宜上、提訴が早く原告が多い方から呼んだもので、それが一般的に使われるようになったものである（実川編・前掲書、p.157）。

13）実川編・前掲書、p.157。

14）実川編・前掲書、pp.166～173。

15）椿忠雄、甲野礼作等研究者7名（実川編・前掲書、pp.172～173）。

16）H.ケバリー、R.ヒスの2名の研究者（実川編・前掲書、pp.172～173）。

17）白木博次、二場邦彦等研究者・行政職者総勢15名（実川編・前掲書、pp.172～173）。

18）飯島伸子、東田敏夫、別府宏圀の3名の研究者（実川編・前掲書、pp.172～173）。

19）実川編・前掲書、p.180。

20) 和解金の使途方法や責任の所在などに関するグループ内の意見対立が、その後の分裂・再編を繰り返すきっかけとなり、1989（昭和64）年時点での全国組織としては、「全国スモンの会」（700名）とそれから分裂した「スモン連絡協議会」（750名）、「スモンの会全国連絡協議会」（2000名）とそれから分裂した「スモンの会全国会議」（900名）、「スモン訴訟東京地裁原告団」（120名）とそれから分裂した「スモン訴訟東京第二グループ原告団」（600名）の6つがあげられた（実川編・前掲書、pp.182〜183）。

21) 田辺製薬の薬で発病した患者とチバガイギーが作り武田薬品が販売した薬で発病した患者はほぼ同数で、したがって和解金額もほぼ同額になる。田辺製薬は2社より経営規模が小さいために資金調達は困難で、世論の非難を受けても裁判を引き延ばし「企業体力の維持」を図ることが優先としたのではないかと言われる（実川編・前掲書、p.184）。

22) 和解案提示についての所見では、まず「国の責任」について、国の法的義務、サリドマイド事件と同一の対応の必要性、患者救済の責任、対策の怠慢をあげ、加害責任についての明言は避けた。「企業の責任」については、サリドマイドと同様に重篤な障害を引き起こした大規模な薬害と位置づけた上で、特段の実験の怠慢、販売中止以前から副作用情報収集の事実、ヒトの使用に対する安全性の強調などをあげ、医師の責任については予測不可能とした。また、以上2点に加えて、症度別の基準金額、若年発病者・超重症者への加算額、介護費用、弁護士費用など具体的に示した。ちなみに、和解金は最低1,000万円、最高3,875万円であった（実川編・前掲書、pp.184〜185）。

23) 国は和解案に対して大筋で受け入れるとしたものの、超重症者の介護費用について問題ありとして留保した。和解案については、まず弁護士費用に関して10％以内から7％への決定、次に因果関係と責任の所在についての調整など時間を費やした（実川編・前掲書、pp.188〜189）。

24) 実川編・前掲書「判決理由要旨」、pp.194〜195。

25) 当時の厚生大臣・小沢辰夫は、責任をあいまいにした和解によって、全面的解決を図るために患者訪問や各方面への働きかけを積極的に行ったと言われる（実川編・前掲書、p.198）。

26) 健康管理手当について、当初、和解派は公務員並みの生涯年金に等しい月額5万円以上の要求を行ったが、やがて3ランクの症度に応じた月額5、10、15万円に変更する。しかし、統一のためと、月額5万円に下げてしまった。これに対し、製薬3社は月額二万円の回答をしたため、和解派の拒否・増額要求運動が行われた経緯がある（実川編・前掲書、p.200）。

27) 「薬事法改正案」とは、新薬の製造承認を厳しくして薬害の発生防止をねらう。「医薬品副作用被害救済基金法案」とは、製薬会社の拠出金によって将来の薬害被害者への手当ての給付を目的とする（実川編・前掲書、pp.200〜201）。

28) 1979（昭和49）年6月頃から国会で薬事二法の審議が行われたが、その直後、ダグラス・グラマンの航空機疑惑による国会混迷で成立を見ないまま会期切れとなっていた。8月の可決成立を受けて、当時の厚生大臣・橋本龍太郎は9月14日に確認書の調印を行うことを表明したが、「因果関係」と［責任］について田辺製薬が最後まで難色を示したために15日未明に調印式が行われた。その際、被告3社の責任者不在のまま陳謝もなく、大臣だけの陳謝に終わった。

29) 健康管理手当は全患者に製薬3社負担で月額30,000円、介護費用は症度を3段階に区分し、重症者は国が月額30,000円、超重症、超々重症者には製薬3社が月額60,000円、100,000円を支払う。これらは、物価スライド付である。

30) 9月15日調印の際に交わされた確認書に盛り込まれた議事録に、患者認定方法があいまいな形で合意されていたことが問題の要因になった。それは、無投薬証明患者が認定されれば、製薬会社にとって賠償金の負担増となり、国はそれによって負担が軽減される。反対に製薬会社が拒否すれば、国の負担は大きくなるという状態を引き起こす。その頃、被害患者総数は公式登録者11,000名の約2倍が推定されていたが、未登録の理由は投薬証明書などの資料を得ることができないためという報告がされている（実川編・前掲書、pp.202〜204）。

31) 実川編・前掲書、p.205。

32) 8高裁33地裁において患者数6,476（原告数7,547）に対し、和解数6,447（高裁514、地裁6,447）で、未和解29であった（実川編・前掲書、p.216）。

33) 別紙「全面解決にいたる経過」スモンの会全国連絡協議会 片平・前掲書、p.239

34) 片平・前掲書、p.240。

35) 1973（昭和48）年の秋、世界的な石油危機に見舞われ、わが国の経済はゼロ成長、マイナス成長を経て、低成長時代に移行していく中で、「福祉見直し論」が叫ばれるようになっていった。したがって、医療保険制度の改正、患者負担が既に予測される状況にあったと考える。この後、1983（昭和58）年2月の老人保健法改正や1984（昭和59）年10月健康保険制度改正が続いていることからも証明される。

36) 参考：JPC資料「日本患者・家族団体協議会（JPC）の組織と活動pp.2〜3。

37) 参考：JPC資料「日本患者・家族団体協議会（JPC）の組織と活動」pp.4〜5。

38) 衛藤・前掲書、p.4。

第 3 章　難病患者福祉の再考

［1998（平成10）年〜現在］

第3章　難病患者福祉の再考

　本章は、前掲に示す表の第三段階にあたる時期である。この時期は、医療費の全額公費負担制度から一律定額の患者一部自己負担制度へ、さらに所得と治療状況に応じた応益負担制度への切り替えにより、これまでの直接的な患者福祉サービスが崩れ、患者間の公平性に視点を置いた新たな患者福祉サービスの検討が求められる段階である。

　難病対策の歴史においてもその状況が伺える。1998（平成10）年4月に難病特別対策推進事業を創設し、各都道府県単位で「入院病床の確保」と「在宅療養支援の為の体制づくり」が進められる。同年5月には特定疾患治療研究事業に一律定額の患者一部自己負担を導入する。1999（平成11）年4月に特定疾患調査研究事業を厚生科学研究「特定疾患対策研究事業」へ、さらに2003（平成15）年4月に「難治性疾患克服研究事業」に組替え創設される。2001（平成13）年9月に厚生科学審議会疾病対策部会難病対策委員会を設置して今後の難病対策の在り方について検討を開始し、翌年8月に中間報告を取りまとめる。2001（平成13）10月に神経難病患者在宅医療支援事業及び難病患者認定適正化事業を創設、2002（平成14）年12月に新障害者プランを策定、2003（平成15）年4月に難病相談・支援センター事業を創設する。同年6月は特定疾患治療研究事業における認定基準等の設定、10月は同事業における一律定額の患者一部自己負担制度から所得と治療状況に応じた段階的な患者一部自己負担制度に改正される。[1]（巻末資料3「難病の歴史」参照）。

第1節　今日の難病対策の現状

1．難病対策における難治性疾患患者福祉としての公平化
1）難病患者認定適正化事業と難病対策専門委員会

　1998（平成10）年5月、旧厚生省は難病患者認定適正化事業に基づき、これまでの医療費を全額公費負担制度から一部公費負担制度へ切り替えた。つまり医療費の一部を重症患者を除く認定患者に負担させる施策に切り替えた。

具体的には、入院は1医療機関当たりの月額14,000円を上限とし、外来は1医療機関当たりの月額2,000円（1回1,000円を月2回）を上限とした。それまでの全額公費負担制度は、1972（昭和47）年の『難病対策要綱』策定以来、研究協力謝金が形を変えて始められたものであったが、患者にとっては直接的な患者福祉サービスとしての意味を持っていた。この切り替えの背景には、1997（平成9）年9月の専門委員会の見直し案や医療制度改革がある。特に1998（平成10）年の1月から6月に開催された第142回通常国会では、1997（平成9）年11月の臨時国会で成立した財政構造改革法のもとで福祉、社会保障関連予算が削減されたことについて論議された。中でも、児童扶養手当の所得制限引き上げと難病患者の医療費の一部自己負担導入については撤回が求められる場面もあったが、押し切られる形で成立した。これに対し、JPCを中心とする各患者団体等57団体は、「難病対策の拡充を求める懇談会」を結成して反対運動を繰り返したが、押し切られる形で受け入れざるを得ない状況になった。

　さらに、2001（平成13）年9月、委員会は厚生科学審議会疾病対策部会難病対策委員会と名称を変更し、今後の難病の在り方について検討に入った。患者団体や研究班からの意見聴取を参考に審議された結果、翌2002（平成14）年8月に中間報告が行われ、平成15年度からその報告を踏まえた難病対策の見直しが実施された。見直しの概要は以下の通りである。[2]（詳細は巻末資料4「難病対策（専門）委員会の経緯」参照）。

　第一に、「今後の特定疾患研究の在り方」については、①研究内容・研究体制の大幅な充実化、②評価システムを構築し、研究成果についての定量的な評価の実施、の2点である。

　第二に、「今後の特定疾患治療研究事業の在り方」については、①性格の維持・明確な目標の設定と事業評価の実施、②疾患の特性、患者の重症度や経済的側面等を考慮するとともに、一部自己負担の考え方や事業規模等についての整理、③法制化については今後の検討課題、の3点である。これを契機に各患者団体は学習・討議を重ね、大集会開催、次いで11月には全国患者・家族集会の中で、「難病対策・小児慢性特定疾患対策の将来像を考える集い」

を各政党の代表である厚生労働省担当者を招き、講演会を開催した。[3] 2003（平成15）年10月、先の②の事項である医療費の一部自己負担問題に関して、中間報告に基づき医療費制度は改正されて所得に応じた段階的負担、また19疾患の軽快者基準が発表された。これは、明らかに難病以外の難治性疾患対策との整合性や公平性を楯に医療費の抑制が背景にあることが理解できる。この場合の選定方法については以下の2点が挙げられた。一点目は、治療の結果、症状が改善し経過観察など一定の通院管理の下で著しい制限を受けることなく就労を含む日常生活を営むことができると判断された者を「軽快者」とし、医療費の公費負担対象外とする。二点目は、他の難治性疾患や障害者医療との公平性の観点を踏まえ、低所得者（非課税者）は新たに自己負担をなくし、それ以外の者は所得に応じて段階的に負担限度額を設定する。具体的には、入院：0円～最高23,100円、外来：0円～最高11,500円で、所得階層区分は7段階とした。

　第三に、「今後の特定疾患の定義と治療研究対象疾患の選定の考え方」については、①4要素の維持（①希少性、③原因不明、③治療法未確立、④長期療養の必要性、の4つを指す。以下、省略）、②研究対象としての必要性とその見直し、③原因が明確な疾患は別制度確保の検討、の3点である。

　第四に、「今後の難病に係る福祉施策の在り方」については、①介護保険制度、障害者基本計画、障害者プランとの整合性を考慮した福祉施策の検討、②利用者の利便性やサービスの効率性に配慮、③ADLや重症度を十分に勘案した福祉施策の検討、の3点である。

　以上2回にわたる医療費の改正は、患者にとって生活の不安を増長させる直接的要因となり、患者運動に拍車をかけた。

2）医療費改正とその影響

　先の患者運動の資料として、患者らは医療費の改正に伴う影響調査を主体的に行なっている。たとえば、1998（昭和10）年5月の改正では、その直前の3月から4月にかけて全国膠原病友の会九州地区が独自に行った緊急アンケート調査（以下、九州地区調査。未発表）[4]がある。この調査結果の分析にお

いては、改正前の1997（昭和9）年2月から5月に行われた全国膠原病友の会の全国調査の結果を参考に行った。[5]

その概要は以下の通りである。

①職業に関して、主婦層が全体の約40%を占め、ほか約15%が正職員あるいは自営業者、残る約45%が非常勤職員から無職までの不安定な生活にある者であった。これは全国調査とほぼ変わらない結果であった。全国調査の中で、病気によって職を失った者44.9%で、うち自主退職62.5%、就職を断念19.4%、辞めさせられた11.3%の順であった。また、一世帯の一年間の世帯収入は一般世帯と変わらなかったが、「仕事をもっている」と答えた者で年収150万円以下が64.5%にも及ぶことが分かっている。さらに、20〜50歳代の働き盛りに未就労者が多く、またパートやアルバイトをしている患者の約90%が女性であった。

②収入源に関して、20歳代にかけては家族の援助に頼る傾向が強く、20歳から50歳代にかけては配偶者、60歳以上では年金に頼る傾向がある。全国調査の中で、25〜50歳の間で半数以上の者が発病後「家族に気兼ねをする」と答えた者が多く、その内容は、家計支出が増えた33.6%、家族・きょうだいに気兼ねする23.3%、出産を諦めた13.7%、家族関係が悪化した11.1%であった。自分に収入がなく、生活を家族に見てもらわなければならない、という病人の立場の弱さが伺われた。

③障害者手帳を持つ者（約15%）、障害年金を受けている者（約7〜12%）が少ないが、前者の全国調査結果では約19%で、若干下回った。

④医療費に関して、自己負担額は月2,000円前後であったが、この程度の負担に「困る」という者は全体の約50%、これ以上の負担に対しては「困る」という者が増加傾向にあった。また、自己負担額が上がれば通院は「苦しい」「回数が減る」とする者が増加傾向にあった。したがって、医療費の値上げは患者の受診抑制に繋がることが分かった。

⑤交通費に関して、1回1,000円未満が最も多かったが、5,000円以上の高額な経費をかけて通院する者があった。その原因は船の利用によるものが最も多く見られた。

⑥なお患者のメモの中で特筆される問題として、「小児期の発症の場合はそれ以降、任意の生命保険や傷害保険等の加入ができず、すべて自己負担となる」苦しい現状が述べられていた。また、「高齢者の場合は原疾患だけの通院に終わらず、複数の診療科にかかることが多く、その分、医療費の自己負担が大きい。特定疾患の認定外患者で入院する場合、老人保険のみで賄うには不安であるこ」とが述べられていた。

以上の九州地区の調査結果から、病気は就労や医療費等の支出へ影響し、経済的問題や家族問題、また病気が重くなった場合の保障問題が明らかになった。なお、この九州地区調査結果の一部は既に論文としてまとめ発表しているが、これは本著第二部に掲載しているので参照されたい。

また、2003（平成15）年の第2回目の改正では、JPC及び全難連が2004（平成16）年2月に影響調査結果を発表した。[6] その結果の概要は以下の通りである。

認定患者の更新手続きを行っていない者について、「認定対象外あるいは軽快者になると思われるため」「手続きが面倒なため」「職場や家庭に病気を隠しているため」などの理由が挙がる。特に更新手続きの簡略化についての希望者は6割を越える。加入している健康保険の種類は、国民健康保険、健康保険組合、政府管掌保険と続く。特に低所得者層の加入率が高いと言われる国民健康保険の加入者の比率が約6割を占める。生計中心者は、最終的に家族になった者が約半数を越える。医療費の自己負担について、通院の場合は約6割、入院の場合は約2割を越える者が値上げとなり、また値下げとなった者は通院で約3割、入院で約8割であった。これは、在宅療養の多い難病患者にとっては医療費の自己負担が上がる結果となった。

以上のJPC及び全難連の調査結果から、第一に医療費の自己負担が上がったこと、第二に低所得者の患者が多く、また家族扶養者が多いこと、第三に更新手続きが面倒という患者が多く、これが更新手続きを抑制する原因になりやすいこと、の3点に集約される。全体的には患者の経済的負担を招く結果となっている。したがって、九州地区の調査結果と併せて考えた場合、医療費の改正に関わらず医療費問題は続き、しかも患者への負担増大の結果と

なった。つまり難病以外の難治性疾患対策との整合性や公平性を楯に医療費の抑制が背景にあることが理解できる。

2．今日の難病対策の問題点
1）難病認定基準の問題点

　1998（平成10）年以降の難病患者運動の中心は、難病患者認定適正化事業に基づく難病認定基準と医療制度改革に基づく医療費の改正、つまり医療費の自己負担導入の2点の問題に集約でき、これが今日の非制度下にある難病対策の現状である。

　一般に、難病患者とは認定基準を満たした患者を指し、医療費の公費負担対象となる。その認定方法は、あくまでも『難病対策要綱』に示されている4要素を含む疾病の範囲を守りつつ、2001（平成13）10月にコンピューターによる判定システムを取り入れた難病患者認定適正化事業に基づく。従来の認定方法との違いは、第一に、これまで診断基準の不備等の理由から独自の臨床調査個人票（以下、個人票）を使用している都道府県があり、全国不統一で、研究班がそのままの形で使用できない状態になっていた。そこで、第二に、個人票を電子化し全国統一基準を作成し、研究班の統一的な研究の促進と統一基準に基づく統一的な判定、電子化による迅速な認定作業ができるようになったことである。その申請方法は、特定疾患医療受給者証交付申請書、臨床調査個人票、住民票及び生計中心者並びにその者の所得に関する状況を確認することが出来る書類の写し、必要に応じて医師の意見書を添えて当該患者が居住する都道府県知事に申請する。そして、都道府県特定疾患対策協議会（以下、協議会）に意見を求め、別に定める対象疾患毎の認定基準により適正に認定の可否が決定される。更新申請は3年毎である。この電子診断による判定は、介護保険法の一次判定と同様で協議会の補助的な資料として活用し、最終的な判断は協議会で行う。なお、重症認定については従来どおり協議会で判定し、更新申請は6ヶ月毎である。

　以上のような手順で難病患者認定作業が進められていくが、患者にとっては大きな問題が残された。更新時の認定について、従来は治療を行っていれ

ば寛解期であっても認定されていたが、本事業開始からは新規申請と同様の基準で判定を行う。したがって、寛解期の患者については認められない場合が生ずる。ただし、この場合にも病状が悪化すれば、その時点で新規申請することができる。しかし、先のJPC及び全難連の影響調査結果（2004年2月）に見られるように、更新手続きが面倒などの理由で更新しない患者も多いことが分かっている。筆者が行った聞き取り調査の中でも、主に公的医療機関では病状が悪化し、生活問題が深刻な状況になっても医師の診断書が取れないケースがある。そのため、患者らは比較的診断書が取りやすい民間の医療施設へ受療する傾向にあることが認められている。

―― **事例1　40歳代女性、無職** ――

　一人暮らしであるが、日常生活上の困難が見られる。全身症状とともに筋力低下、関節痛、尿失禁、不眠、記憶力低下、めまい、視野狭窄等の神経症状がある。掃除・洗濯などの家事はどうにか自力で行っているが、動作は緩慢である。電話がなってもすぐに立ち上がることができず、這って電話口に行く。上を向くことが困難で、高いところには容易に手が伸ばせない。尿意があっても間に合わず失禁することが多く、特に外出時は多い。同じく外出時に「いま何をしているのか急に分からなくなる」「バスのステップが上がれずドアに挟まれそうになる」「お金の計算ができなくなったり、整理券が分からなくなる」「財布の口を閉め忘れていて大金を落とす」「歩道を歩いている際に車に引き込まれる感じがして車に寄っていく」などの状況が頻繁に見られる。現在副腎皮質ステロイドホルモン剤（以下、ステロイド剤）[7]を服用中である。これまで筋力低下等のために立ち仕事が務まらず、帰宅してからも家族の介護負担が原因で、長年勤めていた仕事は正職員からパートへ、さらに退職へと受け入れざるを得なかった経緯があり、現在無職である。また、障害年金等の受給はなく、両親が残した家屋と預金のみで生活を行っている。そのため、医療費や保険料の支払いが"苦しい"と話す。また家屋の権利等をめぐって親類と疎遠になっているが、近くに住む従妹と友人がキ

ーパーソンとなって通院や買い物などの世話を受けている。地域との関わりも少ない。受診は月1ないし2回、30分から1時間かけて友人の車かバスで通院する。周囲から身体障害者手帳とホームヘルプサービスなどの給付申請を勧められて医師に相談するが、取り合ってもらえなかった。両親という支えを失くし、これから先の経済的不安や独り暮らしの不安を持つ。また、"お金は少しでいいから働いて生きがいが欲しい。人と接していたい。そうしないと記憶がなくなっていくのではないかという不安がある"と話す。

　事例1では、単に難病認定基準の問題に止まらず、地域福祉サービスのあり方、身体障害者手帳給付基準、介護保険対象認定基準等まで波及して問題を見ることができる。特に膠原病系疾患の場合、身体障害者手帳受給基準や第二種介護保険適用基準の適応が難しい。その原因の1つとして、膠原病系疾患が寛解と増悪を繰り返す疾患であり、症状が固定しにくい点にある。さらに、診断書などの手続き問題に止まらず、特定疾患患者としての認定基準が疾患別及び症状の程度によって決められている現システムに問題を見ることができる。
　難病を含む慢性疾患には多くの疾患が含まれ、それらは軽症から重症まで症状の段階もまちまちであることから生活問題にも個々に偏りが見られる。特に、神経系の難病は全体的に症状の進行が早く、それにしたがって介護度も高くなることから家族の負担は他の難病に比べて大きくなる傾向がある。その上、患者個々に生活環境も違い、『難病対策要綱』に盛り込まれている疾病の範囲2項目では、生活問題を解決していくことは容易でない。事例のような神経症状がみられる患者にとっても同様の生活困難がある。
　佐藤俊哉らによる調査結果[8]によると、『難病対策要綱』にある疾病の範囲2項目について、難病患者の選定には複数の目的が混在するため、1つの基準だけで順位付けした結果を用いることは無理がある。複数の異なった観点から優先度を考え、それぞれの上位に入る疾患を実情に合わせて対象疾患

として選定すべきであると指摘した。目的の混在については既に仲村英一も挙げている。[9)] つまり疾病の範囲である「①原因不明、治療法未確立であり、かつ、後遺症を残すおそれが少なくない疾病」については、医学的に個々の病気の特徴として定義づけ、「②経過が慢性にわたり、単に経済的な問題のみならず、介護などに著しく人手を要するために家庭の負担が重く、また精神的にも負担の大きい疾病」については、社会的な面から患者の置かれている状態に着目していることを指摘した。したがって、選定方法について衛藤は、「病気による苦痛や生活上の困難は、言わば個々の患者に備わる属性である。それが医学的な概念や行政上の区分によって選別されるのは、患者や日々患者の苦悩に接している臨床家には全く納得できないことであろう」と述べている。[10)] 石川左門は、「難病の中身を、疾患指定で拾い上げるところに落ちこぼれの問題が生じる……」と述べ、難病に対する理解や認識の新たな転換が求められることを指摘した。また、難病指定疾患が4要素を含むもので、診断基準が確立しているものから指定していることに触れ、「救済の手を必要とする、患者の医療・福祉的状態像により指定すべきであり、同じ状態にある患者ならば、疾患別は問うべきではない」と述べている。[11)] 宇尾野公義は、「個々の疾患単位ではなく、患者個々の病状や境遇などを十分検討評価して個人単位で難病を指定する」ことを提案した。[12)] 白木博次は3つの難病概念を打ち出しているが、その中でも「難病とは病気の種類にあるのではなく、患者の生活状態像の深刻さをもたらす人権としての、社会問題である」という捉え方をしている。[13)]

　以上、これら意見を背景に難病患者認定適正化事業が開始されたが、更新手続き上の問題や疾患別及び症状の程度による認定基準設定問題など不公平感の解消には届かない。佐藤が指摘するように、難病対策の疾病の範囲は複数の目的が混在するため、1つの基準だけで順位付けした結果を用いることに無理がある。個人の生活問題は複雑・多様化され、器械の判定では計りきれない面が多い。加えて専門職による判定方法が望ましいが、その手続きや相談がしやすいシステムづくりが必要となる。

2）医療費の自己負担導入の問題点

　医療費問題は、これまで再三にわたり審議されてきたが、患者にとっても生活に直結した関心の1つと言える。1998（平成10）年、2003（平成15年）に医療費制度が変わり、現在所得に応じた応益負担制度となっている。最近行われた患者団体の調査結果でも、医療費負担が大きくなっていると訴える患者の頻度が高くなっていることが報告されている。[6] 本来、医療費の公費負担に対する位置づけは研究の謝礼金が形を変えたものであるが、患者にとっては直接的な福祉サービスとして捉えられてきた。2003（平成15）年の医療費改正は、患者にとって今後の認定取り消しへの不安とそれに伴う医療費負担、さらに受診抑制に対する危機感を感じずにはいられない状況にある。これら不安や危機感は、難病対策が法的根拠を欠いた難病行政のもとにあることが大きな要因であるとし、患者らは難病対策の理念や基準の明確性とともに、対策の法制化を求めている。一方、国は認定されていない難病患者及び難病以外の慢性疾患患者等との公平性や法の整合性を強調しているが、その背景には財政構造改革があることから慎重な構えである。

　島岡弘子は、膠原病系疾患の1つであるベーチェット病をもつ当事者として、1998（平成10）年5月に抜き打ち的に導入された医療費の一部自己負担制度に対し、厳しい生活実態と導入の根拠となった「財政構造改革法」の破綻の2点から医療費自己負担の廃止と、より強固な社会的支援のネットワーク構築を訴えた。[14] 島岡は、まず生活実態について、難病患者の共通点を以下7項目にまとめた。①慢性的で深刻な症状に加え、肉体的・精神的苦痛が大きい。命や身体機能喪失の危機に日々直面している者もいる。②無職で無収入か低収入の患者が多く、しかも通院・入院等で出費は増えている。年金の掛け金が払えない患者もおり、将来の無年金者となる。③症状が複雑で全身的であることが多い。複数の病院での受診・入院も少なくなく、定額とはいえ、何ヶ所にも支払うことになる。診療が専門化されるほど遠い病院に行くことになり、交通費もかさむ。病院を求めて、家族ごとの引っ越しさえある。④入院に伴う出費などを補う民間の新規保険加入ができない。⑤患者の12％が病気による身体障害者になっている（旧厚生省発表）が、住宅改造や介

護の費用が莫大なケースもある。年金の掛け金が払えない場合、障害を持っても障害年金が受けられない。⑥薬の深刻な副作用を含め、予測できない症状が次々と出ることが多い。⑦外見から病気であることが分からないことが多く、「怠け者」「根性なし」などと見なされたり、社会的孤立や排除されがちである。次に、医療費の自己負担導入に追い込んだ財政構造改革法について、社会保障をはじめ市民が安心できる暮らしのための支出削減こそが目的であった。しかし、直後に公共投資中心の補正予算や景気対策と称した金融機関への巨額支出を決定し、それとの整合性を図るために目的を改正したことは同法の実態を失っていると批判した。

　島岡の挙げた7項目の根源には、未だ治療法もなく、生涯にわたり寛解と増悪を繰り返しながら生きていかなければならないという、また、それには生活の不安定さが伴うという、難病の特徴である「病気の不確実性」がある。これが島岡の言う収入の不安定に繋がり、将来の生活設計も立てられない厳しい生活状態に患者を追い込んでいく。したがって、医療費受給の可否は難病患者にとって重大事項である。これまで難病対策の問題が非制度下にある補助事業として批判的に捉えられ、法的根拠の必要性が叫ばれている根底には、この病気の不確実性によるところが大きい。

3．病気の不確実性と難病対策

事例2　40歳代女性、パート職

　夫、子どもと3人暮らしである。37歳のときに妊娠8ヶ月、帝王切開で第一子をもうける。出生時は1,734gであった。準備された医療チームの管理下のもとで出産予定であったが、急な陣痛と未熟児室満床のために急遽、他市の高度医療施設に転院しなければならない状態になった。退院時、入院費支払いで医療施設や管轄する行政とのトラブルが生じる。子どもについては医療施設からすぐに未熟児養育医療申請の指導があり、その後医療給付を受けた。しかし、母親である患者の入院費について、本人及び家族へは紹介先及び受け入れ側の医療施設から何ら説明もない

まま退院時に約30万円の請求を受けた。転院は紹介先の医療施設の都合であり自分たちが望んだことではないこと、高度医療施設を選んだのは膠原病及び合併症をもっての出産のために慎重になったこと、事前に両方の医療施設から説明がなかったことの3点を理由に医療施設と行政に対し再申請を行う。その結果、両方の医療施設からは、行政に対し事前に手続きを行わなかった患者側の責任を問われる。また行政からは、事前に指定を認められていない医療施設（特定疾患医療給付の指定病院・科以外）は給付対象外の回答がされた。患者は、転院は急に決まったことで、たとえ分かっていたとしても事前に手続きを行う余裕はなかったことを理由に再三、三者に掛け合った結果、特例として申請が認められた。
　さらに、子どもの保育園申請でも許可が得られず、再三の申請を行った経緯を持つ。易疲労感による保育困難、両親の介護、家業手伝い等を理由に申請を行う。しかし、無職を理由に断られたために病状を説明すると、定期審査が必要で一時保育の有料ならば可能と言われる。長期保育では経済的余裕がないため、就業センターへ内職の相談に行く。ワープロが出来たので再度申請をすると、仕事が不定期という理由で断られる。そこで手編みの講習を受けながら定期の内職が出来ることを理由に再申請し許可がおりるが、保育園は自宅から遠く、その送り迎えが辛かったと話す。

　事例2では、難病対策には様々な制度上の問題点があることに気づかされる。前者での入院費用に関して、特定疾患医療給付の指定病院・科以外での受診は原則として医療給付がされないという特定疾患医療給付システムの問題が明らかになった。特に、未熟児医療のように制度下にあるもの（未熟児養育医療給付制度）と特定疾患の医療給付のように非制度下にあるものとの取り扱いの違いも明らかになった。また、後者での保育園の対象者規定、専門職の病気に対する理解、両親の介護等に関して、20～40歳代の女性に多いという膠原病系疾患の特徴に見られる生活支援上の問題が明らかになった。[15]

一方、一家を支える男性の場合、特に収入の不安定は家族の労力的・精神的負担とともに、家族としての生活設計の変更も余儀なくされる深刻な状況を招く。たとえば、下記の事例3のような場合である。

> **事例3　50歳代男性、会社員**
> 妻と子どもの3人暮らしである。発熱、口内炎などの全身症状とともに視力低下が見られ、ドライバーの仕事も休みがちである。就労停止、失業の不安から事業主や同僚にも相談が出来ないために受診もしにくく、病状をさらに悪化させている。また、休みの間の生活保障もない。今後の就労の継続性や、それに伴う収入の不安定さを考えて妻は仕事を始めた。"生活の支えは家族であるが、これからの生活の不安は再発・失明などになったら妻に負担をかけること"と話す。

事例3のように、職場に病気を隠して仕事についているケースは男女を問わず多い。これは病状をさらに悪化させ、仕事が休みがちになるだけでなく、同僚との人間関係にも影響をきたし、居づらくなって退職するケースが多く見られると言われている。[16] 収入の不安定は、患者自身の生活設計の変更に止まらず、家族の生活設計にも影響を来たす。

さらに、成人の就労問題のみでなく、若い患者の学業問題も深刻である。たとえば、下記の事例4の場合もある。

> **事例4　20歳代女性、主婦**
> 家族と同居中である。大学4年次半ばの発病で、2000年夏（当時23歳）の初めての面会時は休学中であった。発病してから1年間は薬剤のコントロールで経過した。2年目からは間質性肺炎の繰り返しと、右大腿骨骨頭壊死による人工骨頭置換術を受けるなどして、やむなく2年間の休学を行う。その間、寛解のたびに復学を考えるが、学校側の対応に対し、病気の理解がしてもらえなかったと落胆して退学する。その直後からパ

> ートの事務職に就いている。"将来の夢は小学校の教員になることだった……。病気で職業が規制されてくることが辛い"と話す。
>
> 　その後結婚して両親とは別居中である。特に、結婚前に大腿骨骨頭壊死による人工骨頭置換術を受けてからは、家族は子どもの将来を危惧し、自宅に車椅子が入れるようにと改築を行う。また、身体障害者手帳の給付申請を周囲から勧められていたが、ためらう場面が見られた。特に、父親は自分の子どもが障害者だとは認めたくない、また周囲の偏見が子どもの結婚や将来に影響を来たすのではないかという不安を強く持っていた。結婚が決まってから、母親は電話でのインタビューで、"住まいが他市になるので、そこで身体障害者手帳の給付申請をしてやりたい"と話す。

　事例4では、学業を支える周囲の病気に対する理解が重要であることに気づかされる。間質性肺炎、骨粗しょう症や大腿骨骨頭壊死は、膠原病系疾患患者の多くに見られる合併症である。間質性肺炎は冬季に多く発症し、入院や死に至る患者も多い。骨粗しょう症は加齢とともに見られるが、薬剤の服用により、その加齢現象が早まる。また、骨頭壊死による人工骨頭置換術を受ける患者も多い。社会の病気に対する理解は、若い患者の将来の生活設計を左右することから、学業や就労を支える社会の生活支援の在り方が問われる。

　以上、事例を通して病気の不確実性は、特定疾患医療給付システム、就労や学業などの生活支援、病気に対する社会の理解、また、病気に関連して保育園の対象者規定、両親の介護を含む介護支援システムなどの生活上の問題を生じ、今後の難病対策の課題が明らかになった。

小　括

　1998（平成10）年は難病患者にとって重大な年となった。1972（昭和47）年に『難病対策要綱』をもって難病対策が本格的に開始されてから約30年の間、

患者らは不安や苦しみの生活からより良い暮らしを求め、また、その暮らしを護るために運動を繰り返し、その中で政策形成に関与してきた。しかし、その運動にも関わらず、旧厚生省は公衆衛生審議会成人病難病対策部会・難病対策専門委員会の報告を受けて医療費の全額公費負担制度から一部公費負担制度に切り替えた。これまで患者にとって直接的な福祉サービスとしての意味を持っていた医療費の補助であったが、押し切られる形で受け入れざるを得ない状況となった。さらに、2003（平成15）年10月には中間報告に基づき医療費制度が改正され、所得に応じた段階的負担、また19疾患の軽快者基準が発表・実施された。このような医療制度の改革の背景には、財政難、疾病構造の変化や医療技術等の目覚しい発展による慢性疾患患者の増大がある。これに対し、厚生労働省は患者らに対し、難病患者で認定を受けられない患者や難病患者以外の悪性腫瘍などの慢性疾患患者との整合性や公平性を強調する。医療費制度の改正をきっかけに、難病患者の生活問題の原因が表面化される。つまり今日の難病対策の問題点は、難病認定基準と医療費の患者負担の導入が挙げられるが、その原因は難病の特徴である病気の不確実性にある。この病気の不確実性が、多くの生活問題を生み、患者の不安や苦しみを招く。2004（平成16）年3月に研究班が発表した「難病30年の研究成果」を踏まえ、今後難病対策は厳しい状況に立たされていくものと考える。

第2節　患者組織における難治性疾患患者福祉運動の展開

1.「日本難病・疾病団体協議会」における患者福祉運動

　1998（平成10）年10月に医療費の患者負担が導入され、ＪＰＣは1999（平成11）年7月に5ヶ月間をかけて「がんばれ難病患者・日本一周激励マラソン」を実施した。この中で、全国の患者・家族を励ますとともに、難病対策の拡充を求めて各都道府県庁を訪問した。この運動は岩手県や青森県をはじめ数県に難病連の結成を促し、JPC加盟団体を拡充した。また、2001年度から難病対策「見直し」問題を契機に全難連をはじめ多くの団体が学習・討議を重ね、「3・28大集会」を開催した。2002（平成14）年11月、全難連を含めた多くの団体の参加協力を得て東京で全国患者・家族集会を開催した。これは各政党の代表・厚生労働省担当者を招き、「難病対策・小児慢性特定疾患対策の将来像を考える集い」と銘打って講演会を行った。この集会は、1989（平成元）11月の長野県を皮切りに、毎年「日本の医療・福祉と患者運動を考える全国患者・家族集会」として開催しているものである。ここでは、その時々の身近な医療・福祉問題を中心に学習・討議を深め、会員間の交流を深めている。

　2005（平成17）年5月29日（日）午後、東京・芝のホテルで、これまで連動して活動してきた全難連と組織を統一する結成総会を開催し、「日本難病・疾病団体協議会」を発足させた。923団体、約31万人を擁することになった同協議会は、日本における患者運動のナショナルセンターの確立をめざす。結成宣言では、「人間の尊厳、生命の尊厳が何よりも大切にされる社会」の実現が強調されるとともに、難病、長期慢性疾患、小児慢性疾患などの患者団体の連合体組織の運動を通じて、医療・福祉・介護・教育・就労・リハビリ・移動等に関する総合対策の確立をめざして運動をしていくことが確認された。[17]

2．難病相談・支援センターと全国難病センター研究会
1）難病相談・支援センターの誕生

　2001（平成13）年9月に厚生科学審議会疾病対策部会難病対策委員会が設置され、対策の現状と将来を展望しながらその見直しの検討が行われ、難病対策、小児慢性特定疾患対策を含めて、制度の拡充と安定化を巡り様々な議論が交わされた。2003（平成15）年度予算においては、難病対策の制度的安定化と、さらに一層の研究の推進及び就学・就労問題を含めた福祉施策の重点的強化が強調される。その中で、全国47都道府県に難病相談・支援センター（以下、センター）を3年間で整備する施策が打ち出された。このことは、30年間の難病対策において極めて画期的なことと言われている。[18]

　センター設置の目的は、地域で生活する患者らの日常生活における相談・支援、地域交流活動の促進及び就労支援などを行う拠点施設として設置し、患者らの療養上、日常生活上での悩みや不安等の解消を図る。また、患者らのもつ様々なニーズに対応したきめ細やかな相談や支援を通じて、地域における患者支援対策を一層推進することにある。実施主体は、都道府県であるが、事業の運営の全部又は一部を適切な事業運営が確保できると認められる団体に委託することができる。このことから、地域難病団体等が参加し連携の下、準備・開設が徐々に進行している。2006（平成18）年3月時点において全体の約3分の1が設置に至っているとも言われている。

2）難病相談・支援センターと全国難病センター研究会

　JPCの傘下にあった北海道難病連は、センター設置に伴い公平・公正かつ効果的な運営及び事業に関する研究と、従事する者の資質向上及び情報交流をめざし、全国難病センター研究会発足を関係機関に呼びかけた。2003（平成15）年6月26日、衆議院第二議員会館において国会議員、日本医師会、厚生労働省、都道府県担当課、27地域難病団体、30疾病団体等の総勢約120名の参加の下、設立総会が開催された。同年10月には2日間にわたり、札幌市で第1回研究会が行われ、全国から約200名以上の会員等が集まりセンター

のあり方などについて提言や研究報告が行われた。[19, 20, 21]

　財団法人北海道難病連事務局長・伊藤たておは、元・JPC代表幹事、現・日本難病・疾病団体協議会代表幹事であることから、センター設置においては患者団体主導で行うことが望ましいと判断し、全国難病センター研究会発足を足がかりに主体的に関わろうとしたものと考える。また国においても運営を団体に委託することで、これからの難病対策が地方分権、利用者主体の一助になることを考慮したためと考えられ、両者の思惑がセンター設置という施策に転じたものと考える。いずれにしても、患者団体と行政が連動して難病患者の福祉をめざし、これまでなかった新しい患者運動のあり方を示そうとする試みは今後大いに注目される。

3．地域難病団体における患者福祉運動

　全難連とJPCの統一は、最大の患者団体をつくりあげた。今後これを背景として各自治体のセンターが地域難病団体参加の下、どのような活動の展開を試みるのか、またこれまでの活動を基盤として団体自身がどのような新しい患者運動の展開を行うのか注目されるところである。しかし、日本難病・疾病団体協議会に所属しながらも行政に依存しない、地域に根ざした、あるいは患者個人の生活ニーズに即した団体独自の活動を見ることができる。

　たとえば、NPO法人鹿児島県難病連・障害者団体連絡協議会[22]の場合、これまで県の財政難から行政に頼らない主体的運営を目指してきた。2006（平成18）年5月時点において、県健康福祉課と県保健所とは「共生」という関係の中で連携を図り、従来行われてきた小規模授産施設運営に、印刷と介護福祉サービスを加えてシステム化を図る。この間、電話・面談相談や作業所、パソコン教室など勉強会を重ねることで各団体・会員の連帯を促すとともに、重度障害者を中心とする自立生活センター[23]の活動に注目する。このセンターの活動内容は、権利擁護と情報提供を基本的サービスとして、介助サービス、自立生活プログラム、ピア・カウンセリング、住宅サービス等である。この内容が会員の生活ニーズに即した内容であること、特に介助サービスとピア・カウンセリングに注目した。難病連という患者会が、セルフヘ

第 3 章　難病患者福祉の再考

ルプグループとして生活に密着した機能を果たすために介護サービスを試験的に始め、また海外研修を積みながらピア・カウンセリング実施の準備に入る。これは、日本難病・疾病団体協議会の会員として政策形成に関与するとともに、地域に根ざした生活を護る福祉施策の構築を図るという二面性を持ちながら患者運動が展開されつつある状況である。

小　括

　1998（平成10）年の医療費改正に伴い、組織化された難病患者らは難病認定基準と医療費の患者負担導入が今日の難病対策の問題点として、これまで以上に積極的運動を展開する。しかし、1998（平成10）年以前においては政策の形成・決定・実施の段階に関与し、難病対策に強い影響力を行使してきた患者組織であったが、医療費改正を機会に弱体化の様相が認められ、これまで以上の大規模で強固な患者組織の必要性に迫られる。そこで、新たに日本難病・疾病団体協議会を組織化し、戦前から引き継がれてきた自らの命と暮らしを護るという人権意識の中で積極的な患者運動の展開を試みる。一方、地域に散在する難病団体は、地域に根ざした、あるいは患者個人の生活ニーズに即した活動の展開を試みる。それは、難病患者の不安や苦しみが現状の難病対策では十分に解決することができない思いの中で、患者同士の支えあいの必要性を感じたからである。したがって、行政が提案する難病対策に止まらず、患者自らも積極的に暮らしを護るセルフヘルプ活動の展開の必要性が今、実践へと向かおうとしている段階にある。つまり患者らはこれまでの運動方針を再検討し、さらに主体的な運動へと向かう。

――註――――
1）参考：疾病対策研究会監修『2004年版　難病対策ガイドブック』。
2）参考：2001（平成13）年9月、厚生労働省難病対策委員会資料。
3）参考：JPC資料「日本患者・家族団体協議会（JPC）の組織と活動」。
4）医療費の自己負担導入に反対する資料作成のために行われた緊急アンケート調査であった。しかし、自己負担導入の施行により、調査表は未集計・未発表のまま保存されていたものを、筆者の研究のために提供され、修士論文としてまとめた。また、その一部を論文発表した（堀内啓子「難病患者の経済的負担要因とその影響―

膠原病系疾患患者の事例を通して―」純心福祉文化研究、2005年、第3号、 pp. 21〜31)。なお、この調査対象は鹿児島、長崎、佐賀、熊本、沖縄の5県の膠原病系疾患患者で認定外患者も含まれる。配布数457に対し有効回答数は257であった。アンケートの内容は、患者の背景、利用している社会サービスの状況、医療費負担と受診時の交通手段、友の会等の25項目に及ぶ質問内容であった。
5) 全国膠原病友の会設立25周年記念事業の一環として行われた患者調査である（全国膠原病友の会編集『設立25周年記念事業　患者の生活向上に向けて』身体障害者団体定期刊行物協会、1998年）。九州地区の緊急アンケート調査では、当事者自らが企画し実践したという意味では非常に意義が大きいと言える。しかし、患者らの思いが強い反面、調査方法や対象、質問内容等の検討が不十分なために、集計・分析上困難な面があり、信頼性等に問題が残った。したがって、先に行われた全国調査を参考に結果の分析を図った。
6) JPC、全難連『特定疾患治療研究事業見直し後の影響調査結果』2004年2月15日。配布数1,540に対し有効回答は82であった。アンケートの内容は、医療費改正後の医療費負担、加入保健等の状況である。
7) 副腎皮質ステロイドホルモン剤の副作用には以下の症状が挙げられる。
　（重症のもの）易感染症、骨粗鬆症、圧迫骨折、糖尿病、高脂血症、無菌性骨壊死、精神障害、消化性潰瘍、高血圧、副腎不全の可能性、白内障、緑内障、ステロイド筋症。
　（軽症のもの）にきび様発疹、多毛症、満月様顔貌、食欲亢進、月経異常、皮下出血、紫斑、多尿、多汗、不眠、浮腫、低カリウム血症
　参考：全国膠原病友の会『30周年記念誌、2001年膠原病ハンドブック』pp.78〜83
8) 佐藤俊哉・稲葉裕・黒沢美智子ほか「特定疾患治療研究事業対象疾患の選定方法に関する検討」47巻第13号　厚生の指標　2000、pp.11〜17。
9) 仲村英一「特定疾患対策」日本公衆衛生雑誌　第21巻第4号、1974年、p.220（衛藤幹子『医療の政策過程と受益者―難病対策による患者組織の政策参加』信山社、1993年、p.159)。
10) 衛藤・前掲書、p.159。
11) 石川左門「これからの医療・福祉―患者の立場から―」ジュリスト総合特集　第44号、1986年、pp.36〜37。
12) 宇尾野公義「いわゆる難病の概念とその対策の問題点」公衆衛生　第37巻第3号、1973年、p.191。
13) 白木の考える難病概念は、①原因の明、不明を問わず、その状態の深刻さ、つまり社会復帰が極度に困難か、不可能であるという状態から見る。②日本という特殊な風土とのからみあいにおいても考慮する。③医療、福祉、また社会的にも疎外されているという現象を加味した医学的、福祉学的、社会学的総合概念として難病をとらえなくてはならない、としている（乾死乃生・木下安子『難病と保険活動』医

14) 島岡弘子「難病医療費自己負担の撤回を求める」はんぷう　1998.9　pp. 80～83。
15) 平成9年に実施した全国膠原病友の会の患者調査では、会員6,500名の90％が女性であるという報告が出されている。
16) 膠原病友の会会員からの情報提供。
17) 参考：日本難病・疾病団体協議会ホームページ。
　　http://www.nanbyou.or.jp/dantai/jpc.html
18) 全国難病センター研究会「難病センター　ニューズレター」2003年6月、No. 0（創刊準備号）、p. 5。
19) 前掲、p. 1。
20) 前掲、2003年8月、No. 1（創刊号）、p. 1。
21) 前掲、2003年12月、No. 2、p. 1。
22) 加盟団体8団体、家族を含む会員数905名の組織である。医療講演会、集団検診、相談会、難病フェスティバル等の定期活動に加え、介護サービスを実験的に行っている。
23) 自立生活センター（CIL:Center for Independent Living）は、1972（昭和47）年、アメリカのバークレーやボストンで、それまでは施設入所の対象とされていた重度障害者（学生）がボランティアの援助を受けて開設し、そこを拠点として、地域社会での自立生活（自律生活）を始めたことに端を発する。これは、運動としてアメリカ全土に広がり、1978（昭和53）年にリハビリテーン法が改正され、連邦政府が州政府を通じて、各地の自立生活センターに補助金を支給するまでになった。これは、従来のリハビリテーション医学においては、ADLの自立が達成されて初めて、障害者の社会的不利の克服も可能になるという段階的理解が支配的であったことに対し、運動によって、ADLの改善以外の因子が必要であることが明らかになったためである。日本では、1984（昭和59）年の日本自立生活センターと静岡障害者自立センター、1986（昭和51）年のヒューマンケア協会などが先駆けとなって、全国に広がった。これら自立生活センターの全国的な組織が、1991（平成2）年11月に結成された全国自立生活センター協議会（JIL: Japan Council on Independent Living Centers）で、加盟団体は2005年7月4日現在、133ヶ所に達している。CILは、障害者が地域の中で社会的支援を得ながら、自らの選んだ生活を送るためにサポートする組織であり、これは障害をもつ当事者が中心になって運営される。営利を目的としていないが、サービスは基本的に有料であり、スタッフも有料で働く（参考：二木立「リハビリテーションにおける自立概念の転換—ADLからQOLへ」『ジュリスト増刊総合特集・日本の医療—これから』有斐閣、No.44、1986年、p.55。千葉大学文学部社会学研究室『障害者という場所—自律生活から社会を見る（1993年度社会調査実習報告書）—』1994年、p.26～38。
　　全国自律生活センター協議会ホームページ http://www.arsvi.com/0b/940517.htm

第4章 膠原病系疾患患者の生活の実態

―生きることの価値を求めて

第4章 膠原病系疾患患者の生活の実態

　これまで、難病の歴史における患者運動とそれに追従して形成されてきた難病の政策過程を三段階に区分して見てきた。つまり『難病対策要綱』策定のきっかけを作ったスモン患者らは、同じ思いをする者同士が集い、患者会など組織化された中で戦前から受け継がれてきた教訓である人権意識に基づく自らの命と暮らしを護るための運動へと向かう。運動はさらに同じ難病をもつ患者らに影響を与え、難病という組織化された団体に成長・発展する。そして、難病対策において主体的に政策に関与し政策形成に参加していく。しかし、社会の状況は非制度下にある難病対策に大きく影響を与え、医療費に代表される直接的福祉サービスは崩れ、再検討を余儀なくされる状況に立たされている。このような状況の中で、患者らは難病の特徴である病気の不確実性が、行政の提示する難病対策では改善の期待がもてない状況にあることに気づかされていく。そして、これまで行ってきた難病対策における主体的政策参加を守りつつ、他方、地域に根ざした、あるいは患者個人の生活ニーズに即したセルフヘルプ活動の展開を試みる。すなわち、患者らはこれまでの運動方針を再検討し、さらに主体的な運動へと向かう。そこで再び病気の不確実性とは何なのかが問われてくる。第3章において、病気の不確実性は4要素を含む難病対策では解決することができない多くの生活問題を生み、患者及び家族に不安や苦しみを招くことが理解できた。その不安や苦しみを乗り越えない限り、どのような難病対策も生涯続く難病を克服する手立てにはならない。したがって、患者らは難病対策に止まらず、自ら独自の主体的活動へ向かう。それは病気や障害を受容し、生きる価値を見出す過程でもある。

　そこで本章においては、第一に、これまでの膠原病系疾患患者を中心とする難病患者の事例、当事者による報告及び調査結果等を通して生活問題とその構造を整理し、難病を生きる患者の不安や苦しみを明らかにする。第二に、その不安や苦しみを通して難病を生きる価値について理解を深め、難病の本質にふれる。それが、これからの難病患者福祉形成の視点となる。すなわち、難病対策における難病患者のおかれた現状をふまえ、これから求められる難病患者支援方法を考える一助とする。

第1節　膠原病系疾患患者の生活問題と
その構造

1．先行研究に見る難病患者の生活問題

　病気に罹ることは患者自身の生活のみではなく、その家族の生活にも大きく影響を与える。その影響要因は、病気の特徴や生活環境、つまり家族構成、職業、経済状況、住宅、家族関係や家族の病気に対する考え方などが挙げられ、これらは患者個々よって異なる。したがって、患者の生活問題がどのような発生機序を示していくかも一概に述べることは容易でない。1990（平成2）年に旧厚生省特定疾患・難病ケアシステム調査研究班が実施した調査研究のまとめにおいて、療養生活に関する不安及び問題は患者本人ばかりでなく、家族も同じように悩んでいることを図式化し明らかにした。[1] つまり病気の特徴である原因不明、治療法未確立を基軸に、慢性に経過していく時間軸と加齢という時間軸の中で症状や障害の重度化、就労の不安定や医療費等の支出による経済的不安、あるいは介護負担等による家族関係の葛藤や家族崩壊を招く。この調査研究の成果に基づき、山手茂は疾病・障害がどのように患者自身の生活に問題を発生させ、さらに、それらが家族全体の生活に問題を生じさせているかを一般化してまとめた。[2] その中で、一般的・基本的には難病患者及び家族の療養生活の諸問題は連鎖・複合していることを明らかにしている。手島睦久は、保健・医療社会学の立場から難治性疾患患者や障害者及びその家族の生活問題を発病から身体症状・機能障害を基点に、生活問題が患者自身に止まらず、家族問題へと進展していく機序を明らかにした。[3] つまり労働能力・ADLの低下・喪失や医療費等支出増大による家族の役割の増大・加重化、生活設計の変更・破綻、家族の健康状態の悪化、また心身の苦悩・不安による精神的苦悩・生きがい喪失等を招く。しかし、それらは相互に関連しあう。また、発病前から家族関係に問題があった場合は、症状が重度化し療養生活が長期化することにより家族関係の葛藤・悪化・破

第4章　膠原病系疾患患者の生活の実態

綻を招きやすい。
　そこで筆者の行った膠原病系疾患患者の聞き取り調査を中心に、最近の難病患者の生活問題の特質とその構造を明らかにする。

2、膠原病系疾患患者の生活問題の特質とその構造

　膠原病系疾患患者に関する疫学調査では、入院受給者の割合が15％と低く、受給者中の若年層の割合が高い。したがって、長期受給者が他疾患に比べて高く、全身状態の良好な患者が多いと報告されている。[4] つまり若年者層の発症率が高く、しかも長期療養の在宅患者が多い。しかし、それにつれて高齢者の長期療養患者も増加傾向にあることが推測される。これらは膠原病系疾患の特徴として挙げられるが、さらに医療技術の進歩も療養期間の延長を促進している。これは患者自身の問題に止まらず、家族の生活にも影響を与え、生活問題は多様化・複雑化することが考えられる。
　そこで、これまで引用した膠原病系疾患患者の事例や当事者の調査・報告に基づき、山手茂の「難病患者・家族の療養生活問題の構造」[2]を参考に、「膠原病系疾患患者及び家族の生活問題の構造」として下記の通り図式化を

図1　膠原病系疾患患者及び家族の生活問題の構造

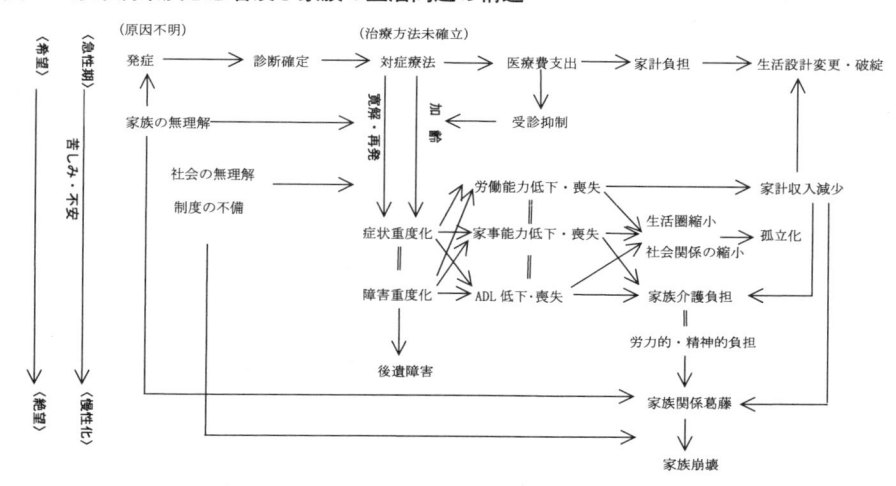

山手茂「難病患者・家族の療養生活問題の構造」参考に筆者作成

試みた。その図式に従って事例を振り返りながら生活問題の特質とその構造を明らかにする。

　病気の不確実性は、医療費やそれに関連する交通費等の支出が大きく、家計負担となって患者間に受診抑制が起こりやすい。その受診抑制はさらに病状を悪化させる。家計負担は生活設計の変更や破綻を招く。また、家計の基盤となる就労にも影響を来たす。症状や障害の重度化は労働能力の低下・喪失を起こす。第3章にみられる事例3のように、職場に病気を伏せて仕事に就いているために受診がしにくく、病状が悪化して休みがちとなっている。このような場合、次第に職場の同僚との人間関係にも影響を来たして居づらくなり、退職するケースもある。また、同じく事例1や事例4に見られるように、症状や障害の重度化によって必然的に仕事の内容や雇用形態を変えざるを得ない状況にもなりやすい。これに伴い、収入の減少、生活設計の破綻を招く。事例3のような家計を担う男性の場合は、家族の生活設計の変更までも余儀なくされることが多い。同じく重度化は、ADLの低下・喪失を起こし、人との交流など生活圏の縮小化が進み、孤立化しやすくなる。同じく事例2のような女性患者の場合は、家事・育児、さらに高齢化した両親の介護問題など厳しい生活問題が加わる。これに対し、事例3のように家族の介護負担も見られる。介護は単に労力的なものに限らず、精神的、経済的負担にも及び、ここでも患者だけでなく家族の生活設計の変更を余儀なくされる。就労問題は家計収入の低下に繋がり、やがて親やきょうだいからの援助や年金、あるいは預金の切り崩しが生活基盤となってくる。特に、親やきょうだいからの援助は患者に肩身の狭い思いをさせたり、病気であることを悔やむなどの状況となり、次第に家族関係を悪化させる要因になってくることも多い。[5] また、家族の無理解による発言、社会の無理解による偏見・差別を恐れる家族内の葛藤、制度の不備など家族関係の悪化の要因にもなる。やがて家族崩壊を招き、女性患者の離婚や家庭内別居が多くみられるようになる。この女性問題について、発病後離婚したという女性患者は全国調査で約14％と報告されている。[6] その原因としては、精神・神経症状、子供の就職・結婚などの将来への影響などが挙げられているが、その根源は社会の病気に対

第4章　膠原病系疾患患者の生活の実態

する無理解が起こす偏見・差別である。離婚や別居は、精神的支えを失うとともに経済的貧困を招く要因にもなっている。これに関して、畠沢千代子は、「一般に難病での就労が厳しい中での女性が病いを抱えながら生きていくことはとても厳しい現実がある。病人が両親を看るという高齢社会をどう生きていけばよいのか、病気への不安とともに経済的な生活面での不安が募るばかりである」と述べている。[6] このように、膠原病系疾患は若い女性に多い病気であるが、病気がもたらす生活上の問題はライフサイクルの一時期に限らない、その人の全人生を通して問題は続いていく。

　以上の結果、先に述べた旧厚生省特定疾患・難病ケアシステム調査研究班のまとめや山手、手島らが発表した難病患者及び難治性疾患患者の生活問題の構造と筆者の調査との違いは、医療費の自己負担導入が受診抑制に繋がり病状悪化を招くこと、これに関連し制度の不備は病状の悪化とともに家族崩壊を招くこと、の2点である。これら2点の内容は、膠原病系疾患患者に特別見られるものではなく、現在の難病患者全体に見られる問題でもある。また、疾患ごとの生活問題の特質はあっても、それらは問題の度合いの違いであって、表出する問題自体は同じであると考える。したがって、膠原病系疾患患者の生活問題は総ての難病患者の生活問題に等しい。また、近年の難病問題の特徴とも言える。さらに、山手らの研究と筆者のまとめとの間には約15年間の隔たりがある。この間、難病研究やそれらに基づく対策は急激に進展したと言われながらも、患者らの訴える種々の生活問題は今も何ら変わることがなく、一向に改善されていない。むしろ後退しているようにも捉えられる。したがって、今後さらに生活問題は複雑・多様化されることが予測される。山手はこのような生活問題に対し、保健・医療・福祉を総合した包括的サービスの必要性を述べているが、[7] 患者・家族の生活状態に見合った包括的サービスの配分こそが重要であると考える。

小　括

　膠原病系疾患患者の聞き取り調査を中心に生活問題の特質とその構造を明らかにした結果、病気の不確実性は患者の一生において家族問題を含む様々

な生活問題を引き起こしていく。それら問題は、膠原病系疾患に限らない総ての難病患者の生活問題に等しい。つまり表出する問題自体は同じであって、違いは問題の度合いにあると考える。また、生活問題の根源は病気の不確実性のみならず、制度上の問題や不備により増長される。それは第一に、近年の難病患者運動の目的の1つである医療費の自己負担導入による受診抑制への懸念がある。第二に、これに関連して制度の不備が挙げられた。これが近年の難病問題の特徴であり、難病を生きる患者の不安や苦しみに連動する。さらに、これまでの生活問題に関する先行研究を通して、難病研究やそれらに基づく対策は『難病対策要綱』策定以降急激に進展したと言われながらも、患者らの訴える種々の生活問題は今も昔も何ら変わることがない。

第2節　難病を生きることの価値

1．難病を生きる支え

　近年の難病研究における医療技術の進歩や情報提供サービスは、患者の早期受診を促すとともに延命効果をもたらした。難病30年の研究報告においてもその成果は大いに認められている。それに伴い、通院形態をとる患者も増加している。聞き取り調査では、全体的に年齢が高くなるにつれて療養期間も長期になる傾向があった。長い者で41年の患者もいた。そこで、難病をもって長く療養生活を送る患者が何を支えとして療養生活を送っているのか、療養生活20年以上の事例を取り上げて見ていく。

事例5　70歳代女性、非常勤職

　療養期間は38年である。発病当時、研究成果も医療保障もない中で高い医療費を支払いながら、時には病気解明のために治験患者としての生活を送る。今も両腕には皮膚組織の提供があったと思われる傷跡が多く残っている。患者は体験記の中で、「家族の協力こそ妙薬」と述べている。[8]繰り返す入退院にかかる医療費等の経済的負担や子育てなど夫や肉親・兄弟の協力のもと療養が出来た。しかし、その体験を通し、"「お金の切れ目は命の切れ目」[9]であった"と幾度も繰り返し話す。それほど、当時は大金がなければ入院もできなかった。また、同病の友を求めて患者会作りに奔走し、そして今なお難病患者のために精力的に活動を重ねている。この活動も長い療養生活を支える原動力になっている。

事例6　80歳代女性、無職

　療養期間は21年である。平屋建ての一軒家で、病気がちの夫（90歳代）

と二人暮らしである。子どもは独立して県外に居住。74歳まで公的機関や大学教員を務め、今は年金と預金を使って暮らす。仕事を辞める頃よりさまざまな合併症を患い、最近では胃腫瘍切除を行う。それからは気分が落ち込み、ソーシャルワーカーに相談して話を聞いてもらいながら回復へと向かう。"支えになったのは、友人と俳句であり、また夫である。夫を残して死ねない。しっかりしなくては……"と話す。夫は難聴であるため会話が少なく、さびしい様子である。夫婦ともに介護1で、ホームヘルプサービスを活用しながら、杖歩行でどうにか生活を送っている。"これから、この住み慣れた家で嫁に気を使わず気楽に、できるだけ公的サービスを利用して暮らしたい。……先の不安は、夫の病気と、どちらかが寝たきりになること"と話す。ヘルパーに対し、"話し相手になってもらうことで癒されているから、「介護は心の癒し」"と話す。

事例5や6に見られるように、心の支えは「家族の存在」である。この家族に支えられ、趣味やそれを通して人との交流を持ちながら療養生活を送っている患者が多い。また、ヘルパーなどの介護者との交流や患者会の仲間との交流も療養生活を支える存在になっていることが調査を通して知ることができた。このように活き活きと暮らす患者に対し、支えはあっても病気を悲観し暮らす患者の姿も認めることができる。

事例7　60歳代女性、主婦

療養期間は35年である。病状からは特に日常生活に支障は認められない。夫とともに、同じ病名で重度障害をもつ子どもの介護にあたっている。子どもが発病した時は、子どもから"お母さんの遺伝のせい"と言われる。子どもの発病を機に同居していた義母との確執が生じ別居する。子どもは将来教員を志望して大学に進学したが、神経症状が出現し病状が悪化したために中退する。その後は介護に追われる毎日である。現在は、通院やリハビリのための水泳に付き添う毎日を送る。時折、"お母

> さんへの辱め"と言って、外出中に公衆の面前で急に路上に寝込み、まるで子どもがダダをこねるように足をばたつかせたり、車に飛び込み轢かれようとする。子供は病気による身体や顔の変化で知人から遠ざかり、人との接触を嫌い外に出ようとしない。子どもからはいつも、"もし(母親が)死んだら自分も死ぬ"と言われる。最近では買い物など治療外で少しずつ外出を行うようになる。"発病後、なるようにしかならないと思ったが、娘が同じ病気で発病してからは生きていくのが辛くなった。それでも大学を出るまではがんばらなくてはと考えていた。重度化してからはこの子のためにがんばらなくては、また現在別居する上の娘に負担はかけられないという思いに変わった。生活の支えは明日とも知れない子どもであり、相談できるのは夫。……刺繍や美術館めぐりが趣味であったが、今は疲れて何も出来ない"と話す。

　事例7は、子どもが同じ病気で発病し、さらに大学在学中に症状が重度化し、中退を余儀なくされたために家族関係に影響を及ぼした事例である。聞き取り調査の間も夫が寄り添い見守る中でのインタビューであった。唯一、夫の支えはあっても、家族全体の関係修復には至らない状況にある。
　なお、近年、遺伝子診断と遺伝子治療は有望な先端医療として急速に研究が進み、その中で膠原病系疾患を含む難病の原因も次第に明らかになっている。したがって、遺伝的素因の高い疾患も明らかになりつつあるが、それが即ち「遺伝病」という捉え方をしがちである。情報の氾濫によって家族間に波紋を引き起こすこともある。聞き取り調査においても、特に女児をもつ患者は子どもが自分と同じ病気で発病するかもしれないという不安感が強く、家族間で話題になるという事例も見られた。事例7の子どもに見られるような精神・神経症状や、またステロイド剤の服用は、ボディー・イメージの変化を来たし、患者を悩ませ閉じこもりの状態になることが多い。そのことが社会との壁を作り、社会関係を縮小化することにもつながる。また、病識の不十分さは誤解を招きやすい。これまで難病に対する偏見・差別は、社会や

家族の中に問題が強調されてきたが、当事者本人の問題として考えていく必要もある。これからの難病患者にとって、人権に関連する非常に重大な課題である。さらに事例を通して生きることの価値について考察を深める。

2．難病受容

> 事例8　50歳代女性、主婦
>
> 　療養期間は21年である。夫と二人暮らしである。19歳で結婚、24歳で第二子を出産するが、その頃より皮膚症状や運動の制限など生活に支障が出てくる。35歳で病気が確定がされるまでの約10年間、家事・育児の困難な中での母親の死、それにショックを受けて寝たきりになった父の介護と死を経験する。症状は徐々に悪化し、原因不明のまま入退院を繰り返す中で、病気に対して抵抗を繰り返してもどうすることもできない自分、強い家族の協力があっても一人疎外感を感じて卑屈になっていく自分に苦しむ。膠原病の診断を受けてからは、家族のために生きていたいという思いと、そう長くは生きられないという思いが交差する中で夜の病院の窓から飛び降り自殺を図る。その時、知らぬ間に病状は急速に進行し、窓に手をやる力さえなくなっていることに気づかされる。"私はもう自分の力では死ぬこともできない人間なのだ"と思うや突然、幼いときに仲の良かった兄の服毒自殺という突然の死による家族への影響を思い出し、家族の存在も忘れて自分のことしか考えていなかったことに気づかされる。その間、夫の事故や取り残されている子どもの面倒を心配しながら、心を落ち着かせるために写経をし、般若心経を唱える。やがてステロイド剤やリハビリの効果で少しずつ症状が改善されていく。患者は、このとき大切なものは夫や子どもの「家族のぬくもり」だと感じ、また医療従事者など多くの人に生かされていることに感謝する。その後もステロイド剤の副作用は続き、ムーンフェイスといわれるボディイメージの変化、躁うつ状態、骨頭壊死・崩壊等に悩み苦しみながら自分を探し続ける。右大腿骨人工骨頭置換術、リハビリを受けながら、

第4章　膠原病系疾患患者の生活の実態

"甘えを捨てて生きなければならない"と心に変化が生じてくる。そのとき、宗教家・松原泰道の言葉「花を愛すれば人間になってくる」が目に入る。これを機に花を育てながら人間になることの意味を追求する。やがて自分の足で歩けるようになり、その喜びを新聞に投稿し掲載される。この体験が、"病気を治すには、それなりの薬や注射も時として必要だけど、自分の身体が喜ぶことをたくさんつくればいいのかもしれない"という気持ちの変化が生じる。その後も新聞投稿や、リハビリで始めた水泳をきっかけに数々の水泳競技に出場して多くの賞を獲得する。また、ソロプチミスト日本財団女性向上賞、下肢障害者や知的障害者の水泳指導のボランティア活動、闘病記の完成と講演等の活動など今なお精力的に取り組んでいる。

　事例8の難病受容の基盤となったものは、兄の死、それにショックを受けて寝たきり状態になった母親の介護や家事による母親との役割交代、それによって培った自己決定能力と行動力、そして農業の傍ら地域のボランティア活動を行っていた父親からの学びにある。兄の死によってもたらされた家族の大きな喪失体験は、いつまでも家族の心の中に焼きついたままであることを自ら体験し、のちに"人間がこの世に生まれ、生きていくことの尊さを教えてくれた"と述べている。また、母親との役割交代によって培った自己決定能力と行動力は、セルフケアを獲得していく際の原動力になった。さらに父親の生きる姿は、患者をボランティアという社会活動に向かわせ、"こんな身体でも何かができるという気づきがあった"と感じさせ、また活動の中に、"父親の姿が見えてくる"とも述べている。長い療養生活を支えていくことは、病気をしてからの患者を取り巻く環境だけではなく、それまでのその人を取り巻く環境や生き方、考え方が大きく関わっていることが理解できる。写経や般若心経を唱えることも、兄を亡くした母親がよく行っていた姿を思い出したからで、これは患者が育った神社の多い環境では普通の行為だったと述べている。

また、発病してからの状況と似た事例として、埼玉の稲垣尚美氏の体験記[10]がある。23歳で結婚、26歳で発熱などの症状が発生し、難病の疑いでステロイド剤の服用が開始される。30歳で血管型ベーチェット病と診断されるまで、事例8に見られるような心の葛藤が繰り返され、何度も病院の窓から飛び降りようとする。そのときに引きとめたものは、夫や家族、友人であり、また両親を置いて先に死ぬことであった。ステロイド剤の服用は続き、ムーンフェイスによるボディイメージの変化に悩み苦しみ、人に会うことを極力避けて暮らす。"電車の中で、私の顔を見て、プーッと吹き出されたりすると、絶望的な気持ちになりました"と述べている。夫に励まされながらも病状の変化に一喜一憂し、生活すべてがそのことに振り回されるようになる。そんな時、大友旅人の歌「生ける者遂にも死ぬるものにあれば　この世なる間は楽しくをあらな」にめぐり合い、心に強烈なものを感じる。この歌を機に"そうだ。私だけではないのだ。みんないずれ死を迎えなくてはならないのだ。その死を迎える時、私は病気だから何もできなかったと嘆くより、病気であっても、きちんと納得のいく生き方をしてきた。そう言える様に、これからの人生、少しでも楽しく生きてみたい。そう思いました。……徐々に、私の気持ちは、マイナスからプラスへ、変わっていったのを覚えています"と述べている。

　この稲垣氏の体験記には、事例8といくつかの共通点を見ることができる。第一に、発症してから膠原病の診断を得るまで、原因不明で数回の入退院を繰り返すことである。また、その期間が長いために病状は進み、患者は様々な心の葛藤を繰り返していく。たとえば事例8の場合、病気を克服したいという思いとどうすることもできない無力な自分、病気と向かい合っていこうとする冷静な自分と死を選択しようとする自分の葛藤が続き、それらが自殺企図に向かわせる。第二に、病状の悪化による身体活動の低下やステロイド剤による副作用は、ボディイメージの変化を伴い、今までの生活スタイルや価値観を変えざるを得ない状況に立たされる。事例8は、"顔や身体を見ていると空しさだけが増していった。……生きていく目標が持てなくて、寂しさと空しさばかりの毎日を過ごすようになる"と述べている。第三に、人の

教えや言葉が病気を受容し、これまでの生き方を変えるきっかけとなっている。事例8は、それまでの自分は「人間の落ちこぼれ」と悲観していたが、花を愛するだけで人間になれるならと花を育てる。"この体験は花に愛情を持って育てる、つまり気配りをさせてもらっている間に自分が人間らしくなれと鍛えられているのだと気づかされた"と述べ、これ以降患者の人生観を変えている。稲垣氏も同じく、大友旅人の歌に引かれ、その後の人生観を変えるきっかけとなっている。上田敏は、彼らの絶望的な気持ちを「社会の障害者に対する（低）価値観の彼（女）の内面への反映（取り入れ）」と説明する。[11] つまり元気なときは、社会の支配的な価値観（若さ、生産力、経済力など）に何ら疑問も持たないまま受け入れてきたが、障害を持つことにより、その価値体系の中からの脱落者になったことを知るや絶望的になり、生きている価値のない人間になってしまったかのように思われる。しかし、事例8は花を育てることで人間としての自信を取り戻し、社会の支配的価値観から脱却して独自の新しい価値体系を作って生きていこうとする。また稲垣氏も"……病気であっても、きちんと納得のいく生き方をしてきた。そう言える様に、これからの人生、少しでも楽しく生きてみたい"と述べているように、自分らしい生き方を創り出していこうとする姿、つまり自分の存在価値を見出していこうとする姿を見ることができる。

　一方、前記した事例7は夫の支えがあるものの、自分と同じ病気を持った子どもを通して家族関係が壊れかかった状態にある。その状態をつくった自分を責め、絶望的な気持ちに陥っているために生きがいを見出すことも、また自分の存在価値を見出すこともできないままにある姿を見ることができる。なお、事例8に関する調査・研究の詳細は、既に論文として報告しているが、詳細は第二部で参照されたい。[12]

　補足として、事例8に関してはその後、病気の合併症で緊急入院し、これまで生きがいとしていた水泳ができなくなったという連絡を得た。難病は加齢とともに重度化していくものである。一度病気を受容してもまた、振り出しの状態に戻っていくのが難病を含む慢性疾患の特徴とも言える。そのことを十分に理解した上で、「今からどう生きていけばよいか、考えたい」とに

こやかに話す。このことを通して、難病患者の障害受容は1回きりではない、幾度となく障害に遭遇しながら生きていることに改めて気付かされる。つまり難病の特徴である寛解と増悪という単に症状だけでは片付けられないない、難病を生きることの困難さをみることができる。

3．難病が患者に与える価値

　これまで実態調査を通して、患者は病気の不確実性がもたらす生活の様々な困難の中で心の葛藤を繰り返しながら暮らしていることが理解できた。それは、いつ肺炎や悪性腫瘍などの合併症に見舞われるかもしれないという「死への不安」や、疾患そのものから、また薬物による副作用から、いつ精神・神経症状を合併し自我をなくしてしまうかもしれないという「自我喪失への恐れ」である。[13] また、周囲の者の病気に対する誤解や偏見・差別も生じやすい。これらが患者に人間的価値の低下を来たしたかのように感じさせ、自分の存在価値を見失いやすくする。時に自殺企図に向かわせる要因ともなる。事例7のように家族の支えがあっても、その家族基盤が脆弱な環境下では病気を乗り越えるだけの力がなく、自分の存在価値さえも高めることができない場合もある。このように、患者の生きていく不安や苦しみは、「自分の未来に何の可能性をも信ずることができない……むしろ、それを否定された存在として己をとらえ」、自分を不幸な存在として位置づけることにより強い絶望感に襲われ、やがて心を閉ざしていくと石田は述べている。[14] これは、「自分」と「社会」を切り離して苦しみの中に身を委ねていこうとする様子である。このように自己否定に始まり、やがて来る精神的閉塞[15] は想像力を低下させ、さらに精神的荒廃を招く。この過程は難病患者に限ることなく、末期がん患者や被爆者の中でも見られ、石田は、「この過程は自己否定から始まったもので、これこそが障害を乗り越えることができない何よりの証左である」と述べている。[16] つまり難病は「生きる」条件を奪う何ものでもない存在であると言える。

　しかし、事例8のように、苦しみの中に身を委ねている状態と戦うことで自分を取り戻していく患者もいる。突然の兄の死による家族の影響を体験し、

のちに"人間がこの世に生まれ、生きていくことの尊さを教えてくれた"と述べている。上田は、このような障害受容の例を「喪失体験や挫折体験からの立ち直りの一つの特殊な場合」[17]と位置づけている。また神谷美恵子は、このような体験を「存在の重み」と表現する。[18]患者は、兄の死を通して「生」の価値観の形成がなされ、「病みの軌跡」[19]を生きる中で生きる指標となって障害受容に向かわせたものと考える。自分を取り戻していくことは自己否定から脱却し、自分の未来に希望を繋ぐことであり、自分の存在を明らかにすることである。自分の存在を明らかにすることは、自分が難病患者であることを自覚し、また患者として担わされた役割が何であるかが明らかになる。つまり患者は自分の存在価値を明確にすることができるのだと考える。長く患者会の会長を務めるＳ氏は、発病し生死をさ迷った経験から「同じ境遇になった人たちに自分が味わった苦しみの体験を味わせたくない。そのために患者会のために役立つ仕事をしたい」と思ったことが患者会立ち上げの動機となっている。さらに、患者会の会員の中にも精神的閉塞状態から脱却し、「子どものために生きたい」「これ以上苦しみを深めないために、会の活動に参加して共に学びたい」などの声が聞かれる。このような様々な思いによって「生きていく不安や苦しみ」を克服するための実践が行われていることを、患者会という「患者の世界」の活動を通して見ることができる。石田はこの一連の過程を、身を委ねている状態の〈漂流〉から〈抵抗〉への〈飛躍〉と位置づけた。その中で、〈抵抗〉は批判であり、批判は一連の問い返しである。苦しみが深ければ深いほど、その〈抵抗〉は苦しみの解放の要求として強くなると述べている。[20]これが患者運動という〈飛躍〉に向かわせる要因になる。また、得永幸子は、自らが中途障害者となったとき、「生きている意味」を問うために社会福祉関係の書物の中にその答えを求めようとする。しかし、「私の問いに対する答えは何も見つけられなかった。私にとっては、解決されなければ生きられないほどのぬきさしならない問いであったのに。私の問いは投げかける先を失って、宙に浮いてしまっていた。私はただ独り、荒野に放り出されたかのように困惑していた」と振り返る。[21,22]そして、障害を負った者の「心の苦しみ」を「あたりまえ」に生きているこ

とが「あたりまえ」であり続けられなくなり、「生きてある」ことが解決されなければ一歩も前進できない差し迫った情況であったと述べている。[23)] 得永は、「心の苦しみ」の緩和について、「病むとはどういうことか」「回復はいかにして起こるか」、それらを通して「生きるとはどういうことか」を論究した。その中で、病むとは、「個人的経験、代替不可能な1回の限りの"私"の経験、人間にとって"生の中の死"を生きるという逆説的な疎外の経験（"生"の疎外）」であると述べている。[24、25)] また回復は、「他者との関係からの疎外の回復—"私"が一瞬一瞬の関係を生きることの積み重なり、人間の存在が何によって支えられているかを問うこと—」と述べている。[26)] つまり存在価値を見出すことが回復の起因となると述べている。事例8はインタビューの中で、病むとは、「それまでの生き方、来し方を考える機会」だと述べている。つまり難病は、これまで以上によりよく生きる意味づけを与えてくれる存在であり、価値ある体験である。

　以上の点から、難病は生きる条件を奪う存在であるとともに生きる意味づけを与えてくれる存在という相対する2つの存在を兼ね備えていることが理解できた。しかしながら、石田も苦しみが深ければ深いほど、難病への〈抵抗〉は苦しみの解放の要求として強くなると述べているように、難病は生きる条件を奪う存在以上に患者にとって価値ある体験であり、生きる価値を与えるものである。すなわち、難病を受容することは自分の存在価値を見出すことであり、存在はよりよく生きることである。したがって難病は患者に生きる価値を与えるものであると言える。

　小　括
　膠原病系疾患患者の事例を通して、難病患者は、病気の不確実性がもたらす生活の様々な困難の中で、「死への不安」や「自我喪失への恐れ」など心の葛藤を繰り返す。また、患者を取り巻く環境は、病気に対する無理解やそれに伴う偏見・差別がいまなお存在する。これらが患者に人間的価値の低下を感じさせ、自分の存在価値を見失いやすくさせる要因となる。時に自殺企図に向かわせることもある。これら不安や苦しみの葛藤の中で、やがて患者

第 4 章　膠原病系疾患患者の生活の実態

は家族や同じ病気の仲間の存在、あるいは趣味や患者会活動などを通して生きがいを見出し、それらを大きな支えとして自分の存在価値に気付き、内面的価値転換へと向かわせる。それが難病受容であり、障害受容である。したがって、難病は生きる条件を奪う存在ではあるが、それ以上に生きる意味づけ、あるいは価値を与えてくれる存在であると言える。
生きる意味づけについて、事例 8 の「生きるとは」との問いかけに対する以下の答えである。

> 息ができて、自分の体で何かができていること。
> 一人の人間・親・妻としてそれなりの役目を消化する過程で、実感できること。
> 降り注がれるさまざまな課題を受け止めながら一日を精一杯頑張ること。
> 逃げたらあかんこと。
> 多くの人との心の交わりで学びの和を広げること。
>
> 大きな流れの中に、この体をまかせて、自分のできる事を動ける喜びでさせていただくことでしょうか。色々体験できて生きることは、とっても素晴らしいことだと思います。計り知れない悩みや苦しみを体験できて……。心開けば、あふれる感動にも包まれます。

多くの人との交わりや、それによって得られる体験はすべてが感動である。心を開くとは、病気の不安や苦しみから解放される、つまり病気を受容するという意味であろうか。それとも単に人や物すべてを受け入れる心という意味であろうか。いずれにしても、病気であるからこそ健常な者以上に感じられる感動があるのであれば、それは病気が与える生きる価値そのものではないかと考える。

―註―

1）山手茂『福祉社会形成とネットワーキング』亜紀書房、1996年、p.128「(図) 難病患者・家族の療養生活問題の構造」(厚生省特定疾患・難病のケア・システム調査研究班『難病患者看護指導の手引き』同研究班、1990、p.6）。
2）山手・前掲書、pp.127〜128。
3）山手・前掲書、p.149「(図) 難治性疾患患者・障害者とその家族の生活問題の構造」(手島睦久「高齢者の長期ケア」園田・山崎・杉田編『保健社会学Ⅰ』有信堂、1993、p.115)。
4）淵上博司・永井正規・仁科基子ほか「難病患者の受療動向―1997年度特定疾患医療受給者全国調査の解析―」日本衛生学雑誌 58 357-368（2003）、p.363。
5）堀内啓子「難病患者の経済的負担要因とその影響―膠原病系疾患患者の事例を通して―」純心福祉文化研究、2005年、第3号、p29。
6）2001（平成13）年12月の厚生科学審議会疾病対策部会難病対策委員会における当事者団体及び研究班のヒアリングの中で、全国膠原病友の会会長・畠沢千代子は、1997（平成9）年に実施した患者調査に基づき、SLEの患者の場合は発病後の離婚者は約14％と発表をした。
7）山手・前掲書、p.128。
8）森田かよこ「膠原病と共に生きる」全国膠原病友の会埼玉県支部『彩り』1994年3月、p.88。
9）1972（昭和47）年4月に全国難病団体連絡協議会が社会制度審議会に提出した「願い書」の中にも見られる言葉であるが、まだ難病対策もない時代、入院によって差額ベッド料や付き添い料の自己負担が家計負担となり、余儀なく退院を迫られたことから発しられた言葉である。
10）稲垣尚美「"この世なる間は楽しくあらな"」全国膠原病友の会埼玉県支部『彩り』1994年3月、pp.27〜30。
11）上田は障害受容の本質について、Wrightの定義を前提に「あきらめでも居直りでもなく、障害に対する価値観（感）の転換であり、障害を持つことが自己の全体としての人間的価値を低下させるものではないことの認識と体得をつうじて、恥の意識や劣等感を克服し、積極的な生活態度に転ずることである」と定義づけた（上田敏『リハビリテーションを考える』青木書店、1983年、p199）。
12）堀内啓子「障害受容―ある膠原病患者の療養生活史を通して―」人間文化研究、2004年、第2号、pp.19〜31。
13）膠原病の臓器病変の結果として出現する合併症には、高血圧やネフローゼ症候群等などの腎病変、間質性肺炎などの心・肺病変、脳出血や脳梗塞、腸穿孔等の血管炎などの血管病変、その他胃腸障害の発生がある。また、治療薬剤の副作用に関連した合併症には、ステロイド剤による感染症や血管障害、代謝異常、胃腸疾患等の発生、免疫抑制剤による出血性膀胱炎や悪性腫瘍等の発生がある（全国膠原病友の

第 4 章　膠原病系疾患患者の生活の実態

会『30周年記念誌、2001年膠原病ハンドブック』pp.72〜74）。

　膠原病には 3 種の治療薬があり、①直接膠原病の治療を目的とし、病気の活動性をコントロールする薬剤（膠原病コントロール薬）、②膠原病のいろいろな症状の改善を目的とする薬剤（対症療法薬：補助的治療薬）、③これら薬物の副作用を予防、治療するための薬剤（副作用予防薬）である。これら 3 種の治療薬に共通して使われ、また中心となる薬剤が副腎皮質ステロイドホルモン剤と免疫抑制剤である。病状によりパルス療法という大量投与が短期間行われることがあるが、この療法の効果は認められているにもかかわらず本邦では保険適用がない。各薬剤の副作用は下記表の通りである。

	副腎皮質ステロイドホルモン剤	免疫抑制剤
副作用	（重症のもの）易感染症、骨粗鬆症、圧迫骨折、糖尿病、高脂血症、無菌性骨壊死、精神障害、消化性潰瘍、高血圧、副腎不全の可能性、白内障、緑内障、ステロイド筋症 （軽症のもの）にきび様発疹、多毛症、満月様顔貌、食欲亢進、月経異常、皮下出血、紫斑、多尿、多汗、不眠、浮腫、低カリウム血症	肝障害、骨髄抑制による白血球減少、貧血、血小板減少、出血傾向、易感染症、脱毛、出血性膀胱炎、腎障害、悪性腫瘍の発生傾向

参考：全国膠原病友の会『30周年記念誌、2001年膠原病ハンドブック』pp.78〜83

14）石田忠『反原爆　長崎被爆者の生活史』未来社、1973年、p.23。
15）石田・前掲書、p.30。
16）石田・前掲書、p.23。
17）上田敏『リハビリテーションを考える』青木書店、1983年、p.211。
18）神谷は「人間というのは自分で意識しない、自覚しないいろいろな幼い頃の印象が、心に深く根づいていて、それが大人になってからの、ものの見方や考え方、はたまた行動の仕方などに知らず知らずのうちに大変強く働いているものだ……」ということを精神医学的な点から述べている（神谷美恵子『存在の重み』みすず書房、1981年、p. 7）。
19）Anselm Straussとjuliet Corbinによる"軌跡理論に基づく慢性疾患管理の看護モデル"で使われた言葉。慢性疾患は長い時間をかけて多様に変化していくが、これを「病気の行路」と言う。そして「病みの軌跡」とは、この病気の行路をめぐって、患者や周囲の人々の考えや行為、そして治療やケアなどが影響して方向づけられてきた患者自身の体験そのものをさす（酒井郁子（2000）『回復過程を援助するということ』看護学雑誌64／ 9 、p.795）。
20）石田・前掲書、p.36。
21）得永幸子『「病い」の存在論』地湧社、1984年、p.14。
22）「宙に浮く」と表現について、神谷は「生きがいをうしなったひとは心の世界のこわれたひと、足場をうしなって宙にただようひと……」と表現する（神谷美恵子『生きがいについて』みすず書房、1980年、p.144）。また、「心の世界がこわれ、足

場がうしなわれるということは、とりもなおさず、その世界を支える柱となっていた価値体系もくずれ去るということである（神谷・前掲書p.114）。
23）得永・前掲書、p.135。
24）得永・前掲書、p.130。
25）得永・前掲書、p.112。
26）得永・前掲書、p.169。

終 章　結論と今後の課題

終　章　結論と今後の課題

　本研究を通して、難病患者の生活の実態とそれが誘因となって起こる患者運動の発展過程及び現状を見てきた。その結果、患者は病気のもたらす不確実性の上に難病対策の不公平さや不備の中で暮らしていることが調査を通して改めて明らかになった。その難病対策で、特に患者及び患者団体が最も関心を示している問題点として、難病認定における基準問題と医療費問題があり、これらは患者が生活をしていく上で非常に影響が強い。

　さらに、難病対策は当初組織化された患者らの運動によって進められていた。これは戦前からの患者運動の教訓を引継ぎ、さまざまな生活の困難に対して自らの命と暮らしを護るという人権意識のなかで進められた運動であり、本来社会福祉が担うべき領域であった。しかし、教訓は今日まで引き継がれているものの、難病対策は医療主導、行政主導で進められ、社会福祉不在のまま今日に至り、患者の生活問題はますます複雑・多様化してきた。そこで、難病対策の問題点を改めて整理し、難病患者福祉から患者福祉学形成の必要性について考える。

第1節　難病患者福祉の形成への希求

1．難病対策の問題点と課題

　今日の難病対策の問題点については既に第3章で述べた通りである。すなわち、難病認定基準における問題と医療費の公費負担制度における問題の2点が挙げられた。前者の認定基準については、『難病対策要綱』に示されている4要素（①希少性、②原因不明、③治療法未確立、④長期療養の必要性）を含む疾病の範囲を守りつつ、コンピューターによる判定システムを取り入れた難病患者認定適正化事業に基づく。この事業は、臨床調査個人票を電子化し、全国統一基準を作成し、研究班の統一的な研究の促進と統一基準に基づく統一的な判定、電子化による迅速な認定作業が目的で行われる。この問題の第一に、更新時の認定基準が挙げられる。従来は治療を行っていれば寛解期で

あっても認定されていたが、本事業開始からは新規申請と同様の基準で判定を行う。したがって、寛解期の患者については認められない場合が生ずる点である。これまでにも申請手続きが面倒などの理由で更新しない患者も多くいたことから、さらに増える恐れがある。第二に、特定疾患患者としての認定基準が疾患別及び症状の程度によって決められている現システムに問題を見ることができる。後者の公費負担制度については、認定基準に満たした患者のみが医療費の公費負担の対象となるが、現在所得に応じた応益負担制度をとっている。問題は、この制度によって患者の医療費負担が増し、受診抑制など様々な生活問題が起こりやすい状況になっている点である。本来、医療費の全額公費負担は研究促進のための補助事業として始められたものであり、患者にとっては直接的患者福祉サービスとして捉えられていたものであったが、それらの目的がいま崩れようとしている。

　以上2つの問題点の背景には、『難病対策要綱』に掲げる4要素を含む疾病の範囲の内容からくる矛盾や、疾患別や症状の程度という身体面を重視した判定による偏りなどがある。国は、認定されていない難病患者及び難病以外の慢性疾患患者等との公平性や法の整合性を強調しているが、その背景には財政構造改革による医療費の削減があることは明らかである。難病患者にとって公平性を保つことは、現システムの疾患別や症状の程度、あるいは所得の程度を計り判断することであるのか、疑問として挙げられる。難病のもつ不確実性によって生じる様々な生活問題は、患者自身の存在価値さえも見失うことがある。石川が、「難病の中身を、疾患指定で拾い上げるところに落ちこぼれの問題が生じる」と述べているように、[1] 難病のもつ不確実性を軽視した難病対策では問題は解決されない。また、白木は、「難病とは病気の種類にあるのではなく、患者の生活状態像の深刻さからもたらす人権としての、社会問題である」と述べている。[2] スモンに始まった難病患者運動の歴史と実践はまさしく、人権としての社会問題に集約できる。したがって、不確実であるからこそ公平性を求める難病患者らの長きに渡る思いは、難病対策の法制化への希求にも繋がる。

2．難病患者福祉とその形成要因

　戦後の患者運動は戦前からの教訓を引き継ぎ、一貫して今日の難病患者運動の基盤となってきた。その教訓である人権を基盤として自らの命と暮らしを護ることは、自分の存在価値を明確にすることであった。先ごろ統一・再組織化された日本難病・疾病団体協議会においても、結成宣言の中で「人間の尊厳、生命の尊厳が何よりも大切にされる社会」の実現が強調されるとともに、医療・福祉・介護・教育・就労・リハビリ・移動等に関する総合対策の確立をめざした運動が再確認されている。[3] 筆者は患者福祉の定義について、「患者主体の医療・福祉であり続けるために、これまでの保護される客体的存在に止まらず、患者自らも努力し、主体的に生活の安定を図ることを支援するための政策である」と仮定した。衛藤は、患者福祉について、「医療や福祉的な措置によって患者個人の利益の保護を目的にした政策である」と仮定しているが、[4] これに対し、筆者はこれまで以上に患者のより積極的で主体性のある難病対策という政策への参加を強調した。それは、難病患者運動が最大の全国組織である日本難病・疾病団体協議会を基盤に、従来の難病対策の政策形成に関与するとともに、地域においては地域に根ざした生活を護る福祉施策の構築をはかるという二面性を持った新しい運動の展開がされつつあるからである。この新しい運動は、これまで難病対策の形成に積極的に関わってきたにもかかわらず、難病がもつ不確実性によって生じる患者個々の生活問題が一向に改善する見込みもなく、時として患者自身の存在価値さえも失いがちになる現状に対する患者らの抵抗である。それはまた、不確実な生活状況の中にあってよりよく生きることで自分の存在価値を見出し、生きる意味づけを与えてくれる過程でもある。

　主体的に生きるためには、人権意識の中にあって始めて達成されるものである。また、神谷美恵子は「主体的に生きる、ということはしかし、ただ気ままに生きるということではない。たとえば、自ら進んで身を挺して何かに仕えることなどは主体的な行動のうちでも、最も主体的なものだと言える。いずれにせよ、主体的と自由には、常に責任と何がしかの冒険が伴う。しか

し、あえて責任を負い、冒険にのりだすことこそ、新鮮な生きるよろこびを約束してくれるのではなかろうか」と述べている。[5] このことからも患者福祉とは、生きる喜びを与えてくれる存在でなくてはならないものと意味づけができ、また生きる喜びとは、「生きがい」に繋がるものでなくてはならない。特に、難病は寛解と増悪を繰り返しながら、また加齢とともに次第に病状は進み、不安と苦しみの中にある。したがって、生きがいをうばい去ることの多い病気であるとも言える。しかし、その中にあっても、患者らは生きる喜びを見出しながら人生の終わりに向かおうと努力する。そこに患者福祉の必要性がある。

　これらのことから、難病患者福祉とは、患者主体の医療・福祉であり続けるために、これまでの保護される客体的存在に止まらず、患者自らも努力し、主体的に生活の安定を図ることを支援するための政策である。それは、自分の存在価値を見出し、生きる意味づけ、生きる喜びを与えてくれる過程であり、そして生活の安定に繋がるものでなくてはならない。そのためには、第一に、患者の生活に視点をおいて、その生活問題を人権としての社会問題として捉え、法制化に向けたに生活保障を行うことである。西三郎は難病対策の基となる『難病対策要綱』について、「難病対策のねらいが明示されておらず、また難病対策の対象疾患に関しても、その範囲が示されてはいても行政として具体的に定めるための理念及び基準が明示されていない」と指摘している。[6] 難病対策は世界に類を見ない我が国独自の対策であるが、[7] その対策の理念や独自性等が法的根拠をもって明らかにされない限り、患者の生活問題は改善されていかないと考える。患者らも再三にわたり対策の法制化を要求しており、これを受けて、公衆衛生審議会成人病難病対策部会難病対策専門委員会の審議の中でも挙がってはいるものの、今なお保留のままである。[8] 第二に、これまでほとんど交流がなかった医療と福祉の連携を十分に行い、情報交換が行えるシステム作りが必要である。これまで、難病問題は医療重視で対策が講じられてきたために身体面の問題に視点が偏り、様々な生活問題が浮上している。しかし、通院形態をとる患者の増加が著しいことから、身体面に止まらず、生活面へ視点も重要視されなければならない。こ

終　章　結論と今後の課題

れは第一の課題にも連動する。第三に、地域に散在する難病患者団体への支援システム作りである。現在、全国47都道府県に難病相談・支援センターを整備する施策が打ち出され、実施主体の都道府県の指導のもと、地域難病団体等が参加し開設準備が徐々に進行している。設置目的は、地域で生活する患者らの日常生活における相談・支援、地域交流活動の促進及び就労支援などを行う拠点施設として設置し、患者らの療養上、日常生活上での悩みや不安等の解消を図る。また、患者らのもつ様々なニーズに対応したきめ細やかな相談や支援を通じて、地域における患者支援対策を一層推進することにある。患者団体が活動していく上で大きな問題は、病気による不確実性が活動の継続を困難にし、主体的活動に繋がらないことである。そのため、常に多くのボランティアを募り、どうにか活動の継続を図っているのが現状である。したがって、今後この支援センターの活動に期待がかけられる。

　以上３点が難病患者福祉の形成要因であり、この難病患者福祉が今後、社会福祉学の一領域の中で積極的に取り組まなければならないことは明確である。これまで病気や障害をもつ人々に対する福祉的取り組みは、障害者福祉あるいは医療福祉といわれるカテゴリーの中で行われてきた。しかし、難病を含む慢性疾患など内部障害者に対する福祉的取り組みが十分に行われてきたかは疑問の残るところであり、患者らはそこに不満をもっている。たとえば内部障害者の場合は症状が見えにくく、しかもその症状が固定されにくい特徴をもつ。したがって、障害者手帳の受給認定がされにくいという問題があり、生活に大きく影響を及ぼす。また、難病が保健所を中心として取り組まれていても、症状の緊急性から神経系難病患者を中心とした対応に偏り、難病患者全体への福祉的取り組みに至っていないのが現状である。したがって、難病が人権としての社会問題であることを重要視し、今後、難病患者福祉が社会福祉学の一領域として体系化され、それに基づく難病対策の整備が重要課題であると考える。

第2節　今後の課題

　難病とは、4要素を満たす疾病を総称した行政用語であるが、このことからも難病は慢性に移行する疾病群であることが分かる。近年、医療・看護・介護の進歩によって療養期間の延長と高齢化が見られ、ますます慢性疾患であることが強調されるとともに、それに伴いさまざまな生活上の問題も生じている。Anselm Straussらは慢性疾患の一般的特徴について、「長期的で、不確かで、不経済で、多くの場合重複していて、極めて侵害的であり、治療不可能なので姑息的である」と述べている。[9] このAnselm Straussらが述べた内容はまさしく難病患者がもつ問題とも重なり、これら問題が患者個々の生活の中で具現化され、さらに時間的経緯の中で多様に変化していく。Anselm StraussとJuliet Corbinは、これを「病気の行路」と言い、この「病気の行路」をめぐって患者は自分自身や周囲の人々の考えや行為、そして治療やケアなどの影響を受けながら病いを体験していく。その体験そのものを、「病みの軌跡」[10] と彼らは呼んだ。したがって、この「病みの奇跡」を通して難病患者が病気をもって生きる困難さやその要因について考察を深めることが、難病をもって生きる価値の追究に繋がる。Arthur kleinmanは、「慢性の病いのたどる軌跡は、人生の行路の一部となり、ある特定の人生を進展させるのにきわめて本質的な働きをするので、病いを生活史から切り離すことはできなくなる」とした上で、病いの持続している状態からも病いの意味を正しく理解でき、また理解することにより、より有効なケアを供給することも可能になると述べている。[11] したがって、これからも難病患者の理解に努めていきたい。

　本研究を通して、いま難病患者の福祉問題を整理し患者福祉学形成の入り口にようやく立てたという思いである。今日まで難病研究においては、歴史的背景や制度についての整理が十分にされないまま、また患者の要求があっ

たにもかかわらず社会福祉不在の医療的・行政的視点で進められてきた経緯をもつ。したがって、本研究は未完の状況にあり、課題も多いが、まず福祉問題を整理し、患者福祉の形成の必要性に至る段階に到達できたことは今後の社会福祉における難病研究の動機づけになったのではないかと考える。そこで、本研究を基礎として、今後の課題を簡略に整理しておきたい。

　第一に、患者の生活状況とそれに伴う難病を生きることの価値問題の探究をさらに進める。本研究は、難病の中の成人の膠原病系疾患患者を中心に行ったものであり、言い換えれば限られた対象である。現在、障害者自立支援法の実施に伴う患者の生活構造の変化が推測されるが、この点も視野に入れて広く小児を含む難治性疾患患者の検証が課題として挙げられる。特に、人間の生に関する価値問題については宗教学、哲学など多くの学問領域からの考察が重要であり、残された課題は大きい。したがって、本研究において熟されないまま発表に至ったことは大きな反省点であり、今後独自の論文として発表を続けながら、より深く追究していきたい。このことが患者福祉の視点に立つことであり、より看護学との相違点が明確化され、患者福祉学の形成に繋がるものと考える。

　第二に、本研究では国際比較をするに及ばなかったことから、今後の課題として挙げられる。『難病対策要綱』は我が国独自の施策であり、また「難病」という語句も他の諸国にはないと言われるが、米国では希少性疾患として、あるいは単独の疾患名で認識されている。病気によって起こる生活問題や、病気を持って生きる心の葛藤は患者だれしもあるが、特に難治性疾患としての認識や患者の生活を支える保健・医療・福祉政策についての違いを知ることは、我が国のこれからの難病対策のあり方にとって重要な資料となり得ると考える。

―註―
1）石川左門「これからの医療・福祉―患者の立場から―」ジュリスト総合特集　第44号、1986年、pp.36〜37。
2）乾死乃生・木下安子『難病と保険活動』医学書院、1985年、pp.3〜5。
3）参考：日本難病・疾病団体協議会ホームページ。

http://www.nanbyou.or.jp/dantai/jpc.html
4）衛藤幹子『医療の政策過程と受益者——難病対策による患者組織の政策参加——』信山社、1993年、p.3、p.83。
5）神谷美恵子『人間をみつめて』みすず書房、1980年、p.51。
6）西三郎は、難病看護学会の会長講演において難病行政における法的根拠が欠落していることにふれ、その問題点を指摘している。第一に、「中央が定めた難病行政におけるあり方をいかに明確にしたとしても、それぞれの自治体が、中央の提示したあり方に準拠して行政を行うことの保障ができない」、第二に、「難病対策の国の予算が、不安定な状況で現在まで推移してきたことも、法的根拠が欠落していたことが影響したことも否定できない」と述べている（西三郎「会長講演・21世紀に向けて難病行政のあり方」日本難病看護学会誌VOL.5　NO.1　2000、p.13）。
7）2001（平成13）年12月7日の第3回厚生科学審議会疾病対策部会難病対策委員会において報告がされた。その内容は平成9年9月にアメリカ、イギリス、ドイツ、スウェーデンに対しアンケート調査を行った結果、いずれの国においても特定の疾患を指定し、恒常的に医療・福祉に関する公費負担を行い、継続的な研究事業を行っている例はないというものであった。
8）2002（平成14）年8月、厚生科学審議会疾病対策部会難病対策委員会の中間報告において、「今後の特定疾患治療研究事業の在り方」の中で、「法制化については今後の検討課題」として据え置かれた。
9）Anselm Straussらは、慢性疾患の一般的特徴として、①本質的に長期、②色々な意味で不確か、③一時的緩和を得るには比較的多大な努力が必要、④重複疾患、⑤患者の生活にとって極めて侵害的、⑥多様な補助的サービスの必要性、⑦費用がかかる、など7項目をあげて説明する（Anselm Strauss他、南裕子監訳『慢性疾患を生きる—ケアとクォリティ・ライフの接点』医学書院、2001年、pp.14〜20）。
10）Anselm Straussとjuliet Corbinによる"軌跡理論に基づく慢性疾患管理の看護モデル"で使われた言葉。慢性疾患は長い時間をかけて多様に変化していくが、これを病気の行路と言う。そして「病みの軌跡」とは、この病気の行路をめぐって、患者や周囲の人々の考えや行為、そして治療やケアなどが影響して方向づけられてきた患者自身の体験そのものをさす（酒井郁子（2000）『回復過程を援助するということ』看護学雑誌64／9、p.795）。
11）Arthur Kleinman著、江口重幸ほか訳『THE ILLNESS NARRATIVES Suffering, Healing and the Human Condition　病いの語り—慢性の病いを巡る臨床人類学』誠信書房、2004年、pp.10〜11）。

第二部

難病患者の経済的負担要因とその影響
―膠原病系疾患患者の事例を通して―

要　旨

　一般に難病といわれる特定疾患の対象は、「希少性」「原因不明」「効果的な治療法未確立」「生活面への長期にわたる支障」という4要素を含む疾患とされている。患者の多くは通院形態をとり、家庭療養を行う一生活者であるが、病いであるがうえの心身の苦しみや不安は複雑で多岐にわたる。これが「生活面への長期にわたる支障」として次第に具体的に表出するが、その中で特に経済的負担は大きい。その要因として、医療費とそれに関連するものの費用や生活費の出費が主にあげられるが、それを支える就労問題も背景にある。このような問題をもって療養生活が長期化することは、患者の病気自体への影響とともに、療養生活にも大きな影響を及ぼすと考える。
　本研究では、膠原病系疾患患者の事例を通して、難病患者の経済的負担要因とそれが及ぼす療養生活への影響について明らかにした。その結果、経済的負担は家族関係に大きく影響していく恐れがあることが分かった。したがって難病患者の生活問題とその支援方法を考えるとき、患者のみならず家族を含めたうえで同時に、かつ早期予防の観点で進めていくことがこれからの難病支援の課題である。
キーワード：難病、特定疾患、生活問題

I　研究目的と方法

　難病患者の生活問題は複雑で多岐にわたるが、その中で医療費等にかかる経済的負担は、患者の療養生活に大きく影響し、特に家族との関係において

問題は深刻な状況にある。

本研究では、膠原病系疾患患者の事例等を通して、難病患者の経済的負担要因とその影響について明らかにするとともに、そこから導き出された生活問題の支援のあり方について考察を深めたい。

その方法として、『難病対策要綱』における医療費取り扱いの変遷と全国膠原病友の会九州地区アンケート調査結果（1998年3月～4月調査）を基礎資料として、さらに聞き取り調査における事例を補足する。

II 研究結果

1．『難病対策要綱』における医療費取り扱いの変遷

難病患者の医療費取り扱いについては、1972（昭和47）年10月に策定された『難病対策要綱』の中の施策に基づき実施されてきたが、その後今日まで2回の変更が行われている。その概要は以下表1の通りである。

表1・難病患者の医療費取り扱いの変遷

実施年	概要
1972（昭和47）年10月	『難病対策要綱』が策定され、「調査研究の推進」と「医療施設の整備」、ならびに「医療費の自己負担の解消」の3つの施策が立てられる。つまり、かかった医療費の自己負担分についてはすべて公費負担で賄われる。
1998（平成10）年5月	「医療費の自己負担の解消」は、「医療費の自己負担の軽減」、つまり患者の一部自己負担に変わる。内容は、重症認定患者は無料、それ以外の軽症認定患者は入院1医療機関当たり月額14,000円を上限、外来1医療機関当たり月額2,000円を上限の患者の一部自己負担を義務づける。
2003（平成15）年10月	医療費の一部自己負担の内容が変わり、重症認定患者、非課税低所得者は無料、それ以外の軽症認定患者は所得に応じて入院0円～最高23,100円、外来0円～最高11,500円の所得階層区分7段階に定め、義務づける。

1998（平成10）年に初めて医療費の取り扱いが変更されてから、当事者団

体及び患者らの反対運動は過熱し現在に至っている。患者側が最も問題とするのは、医療費の患者負担は経済的不安とそれに伴う受診抑制が懸念されるということである。研究の謝礼金として始まった施策は、患者にとっては経済的支えという社会福祉の要素を強くしてきたからである。一方国側は、医療費の全額公費負担制度は治療研究の謝礼金という目的のもとに始まったものであり非制度的対策[1]であることを強調するとともに、今日の医療費の負担増大による財政圧迫により対策の見直しが必要との判断があった。さらに、2001（平成13）年から始まった難病患者認定適正化事業[2]に電子化を導入し、公費負担を抑制しようとした厚生労働省の動きに対し、患者らはさらに動揺した。

2. 全国膠原病友の会九州地区アンケート調査結果
1）調査の目的と意義

　アンケート調査[3]は、1998（平成10）年の3月から4月にかけて全国膠原病友の会九州地区が患者457（有効回答数257）名に対し緊急調査として独自に行ったものであるが、後に未集計・未発表のまま筆者に提供された経緯をもつ。この時期は先の表1からも分かるように医療費の全額公費負担から患者の一部自己負担への切り替えの直前であった。

　調査の本来の目的は、医療費の自己負担導入に反対する資料の作成であった。つまり1972（昭和47）年の『難病対策要綱』策定以来施行され続けてきた「医療費の自己負担の解消」について、1997（平成9）年9月の公衆衛生審議会成人病難病対策部会難病対策専門委員会は最終報告として「今後の難病対策の具体的方向について」方針をまとめたが、その内容に起因する。それは、研究推進のための医療費全額公費負担の必要性及び他の難治性疾患者との社会的公平の問題を踏まえることである。さらに毎年、対象患者数が約10％ずつ増大している現状と大幅な難病対策予算の伸びが期待できない現在の財政状況の中での限られた予算の範囲内で、これまで通りの対象患者認定方法を採用していくことは困難である。したがって、全額公費で負担している現行制度を改め、公費負担の一部を患者負担とすることが考えられると

する内容である。これを受けた当時の厚生省は1998（平成10）年5月をめどに変更を図った。このことに対し、多くの患者および各当事者団体は医療費の負担は受診抑制につながるものとして反対運動を展開したが、その際の運動のための資料作成を目的に九州地区が独自に緊急アンケート調査を実施したものであった。その方法は、患者会や医療相談会に集まった患者を対象にアンケート用紙を配布し、その場で記載・提出を求めて集められたものである。しかし実際、調査が終了した時は既に医療費の患者負担は実施に移されており、アンケート用紙は未集計・未発表のまま代表者のもとに保管された。その後、医療費問題は再度の変更の義務付けを経て現在に至っている。

2）調査概要

　膠原病系疾患をもつ患者257名の調査概要は表2－1から表2－7に示した通りである。膠原病系疾患は、人間の身体の中の細胞を支えている膠原繊維の障害によって起こる全身性の内部疾患で、慢性的に寛解と増悪を繰り返すが、一見して健康状態に見えるために周囲の者の理解が得られにくい。また20〜40歳代の女性に圧倒的に多いために結婚やその後の生活に大きく影響するなどの特徴をもつ。

　なお、以下の調査概要と結果についてふれる前に、調査は患者会や医療相談会の場を借りて行われていることから、対象の年齢層が膠原病系疾患患者の一般的平均年齢よりも高いことが予想される。これは、患者会が他の疾患の患者会と同じく高齢化傾向にあることが要因としてあげられるが、この要因に関連して結婚歴や収入源、仕事等の結果に若干のずれがあるものと理解しておく必要がある。

3）アンケート調査の結果

　アンケート調査から以下の結果が認められた。

①回答者の属性について、全体の約90％が女性、また全体の約67％が既婚者であった。さらに年齢構成は60歳代、50歳代、40歳代、30歳代、20歳代、70歳以上、20歳未満の順であった。[4]

難病患者の経済的負担要因とその影響

②職業について、専業主婦が全体の約40％を占め、無職、次いでパートやアルバイト、嘱託などの非常勤職者が多く、正職員は全体の約9％であった（表2−1）。また仕事を持っている者で入院した場合に仕事の保障があった者は19名で約27％（表2−2）、また病気を理由に仕事の内容が変わった者は約半数に及んだ（表2−3）。

表2−1 職業

専業主婦	97
非常勤職者	40
正社員	24
自営業者	12
無職・不明者	84
合計	257

表2−2 仕事の保障

ある	19
ない	51
合計	70

表2−3 仕事の内容

変わった	49
変わっていない	43
合計	92

③実際に生活を送るための収入源について、配偶者の収入に頼る者は111名の約43％、次いで家族の援助、年金、自ら働いた収入、ほか預金や生活保護費による生活者が少数と続く（表2−4）。また各々の内容を見ると、先の2つ以上の収入で生活する者が約18％いたが、注目されるのは、どの収入源にも約20％の者がさらに遺族年金を含む何らかの年金や両親・きょうだいの援助を受けながら生活を営んでいた。そこで年齢と収入源の関係を見ると、20歳未満の者は家族の援助が圧倒的に多く、20歳から39歳までは配偶者、家族の援助、仕事の順、40歳から59歳までは配偶者が圧倒的に多く、60歳以上は年金、配偶者の順であった。

表2−4
生活のための収入源

配偶者の収入	111
家族の援助	50
年金	41
自ら働いた収入	38
預金	3
生活保護	3
不明	11
合計	257

④病気の種別は全身性エリテマトーデスが多く、うち重症者認定を受けている者は全体の約4％と極少数であった。また利用している社会的サービスについて、身体障害者手帳は約15％の者が有し、障害年金は約12％の受給という低率であった。[5]

⑤1回の受診に支払われる費用は、2,000〜3,000円未満の支払い者が85名で

163

約33%、次いで5,000円以上の支払い者、1,000～2,000円未満の支払い者と続く（表2-5）。そこで一部自己負担の場合、通院は「少し苦しい」という者が105名で約41%、「回数が減る」という者は46名の約18%、「できる」は18名の約7%であった（表2-6）。さらに全額自己負担になった場合、「できる」と答えた者は約2～4%に低下し、「通院回数が減る」と答えた者は約52～58%に上昇した。その理由として、「家賃・生活費で精一杯だから」「年金生活者だから」「収入がないから」「病院までの交通費が負担だから」の順であげられた。

⑥通院時の交通手段として自家用車が圧倒的に多かったが、離島を抱える県では飛行機や船の乗り継ぎがめだった。かかる費用については、1,000円未満が多く76名の約30%、次いで1,000～3,000円未満、3,000～5,000円未満と続くが、5,000円以上の者が17名の約7%、うち10,000円以上かかっている者もいた。これは、タクシーや飛行機、船の利用、また2つ以上の利用があったことが理由としてあげられた（表2-7）。

表2-5 受診料負担
（1回の受診に対し）

2,000～3,000円未満	85
5,000円以上	23
1,000～2,000円未満	10
無料	7
3,000～4,000円未満	7
1,000円未満	6
4,000～5,000円未満	3
不明	26
合計	257

表2-6
一部自己負担の場合、通院は

少し苦しい	105
回数が減る	46
できる	18
不明	88
合計	257

表2-7 通院時の交通費

1,000円未満	76
1,000～3,000円未満	53
3,000～5,000円未満	42
5,000～10,000円未満	10
10,000円以上,	7
不明	69
合計	257

3、膠原病系疾患患者の事例に見る経済的負担の現状

次に、事例を通して患者の病気であるがうえに起こる経済的負担の状況について述べる。

難病患者の経済的負担要因とその影響

表3 事例の概要

事例	病名	闘病期間	結婚歴	公費負担の有無	職種	生活基盤（収入源）
1. 20代女性	強皮症	7年	未婚	有り	パート	両親の扶養
2. 30代女性	全身性エリテマトーデスほか	23年	既婚	有り（重症認定）	主婦・無職	年金、預金
3. 40代女性	全身性エリテマトーデスほか	2年	未婚	有り	無職	預金
4. 40代女性	全身性エリテマトーデスほか	2年	既婚	有り	主婦・無職	配偶者の収入
5. 50代男性	ベーチェット病ほか	13年	既婚	有り	正職員	自ら働いた収入

　事例1の女性は、高校生のときに発病しているが、高校卒業後医療事務からフリーターなどを経て20歳でスーパーの正職員として勤務する。しかし病状の進行に伴い時間給のパートに切り替えて半日勤務となる。「上司には、病気のことはきちんと話しているので無理な仕事は言われないが、病気のために仕事が限られる」「働きたくても働けない。病気をもっていては仕事は辛い。職場に病気のことは伝えていても病気の時に休める環境ではない」などと述べる。現在も両親と同居中である。

　事例2の女性は、11歳で発病しているが、28歳で結婚するまで寛解・増悪を繰り返しながらいくつかの職場を転々としている。結婚後も働く意欲があり、特に夫の失業から積極的にパートの職を探してくる。しかし、薬剤等による精神症状などの合併症があるために続かない。現在夫と二人暮しであるが、一日中二人で家に引きこもり状態にある。

　事例3の女性は、20歳頃に発病しているが、両親を亡くして現在一人暮らしである。長く縫製関係の仕事をしていたが、2年前頃より病状の進行とともに仕事が出来なくなり、正職員からパートへ切り替え、さらに退職へと追い込まれる。1年前より両親が残した預金で生活をしなければならない状況

になるとともに、病状の進行と合併症により生活の困難を訴えている。
　事例4の女性は、2年前に発病しているが、入院費のローン返済や子ども達の教育費などの経済的不安があり、就業を希望している。現在夫と子どもの4人暮らしである。
　事例5の男性は、39歳のときに発病しているが、ドライバーで正職員として勤務している。病気の特徴から発熱などの症状がよくあり、仕事を休むことが多い。また眼症状も見られ、視力の低下、障害発生に不安をもっている。職場には病気のことは言えず、「もし言ったならば首を切られる」と不安を訴える。また病気で休むと、その間の経済保障がないために不安感が強く、妻への気遣いも大きい。その妻は経済的不安から最近仕事を始める。現在妻と子どもの4人暮らしである。

Ⅲ　考察

　以上、調査結果や事例等から病気が経済的負担につながるとともに、就労問題、家族問題へと表出してくる恐れがあることが分かったが、それらの内容を下記の通り「難病患者及び家族の病気が及ぼす療養生活問題のプロセス」として時系的に図式化を試みた。
　原因不明の治療法未確立という難病の特徴から対症療法に頼らざるを得ない医療の現状の中で、寛解と増悪の繰り返しと加齢による症状の重度化、さらに合併症や薬剤の副作用などによる障害の重度化などが認められる。またそれに関連する医療費や交通費等の支出は大きく、家計負担となって患者間に受診抑制を起こしやすい。また各事例に共通して認められるように、その家計の基盤となる就労にも影響をきたす。事例5のように、職場には病気のことは伏せて仕事についている者も多く、受診がしにくい状況にある。また病気による休みが多くなってくると、次第に職場の同僚との人間関係にも影響をきたして居づらくなり、退職するケースもある。特に家計を担う男性の場合に多く見られると言われている。事例1や3のように、一般に症状の重度化・障害の重度化に伴って雇用形態は変化し、また収入もそれに従って低

難病患者の経済的負担要因とその影響

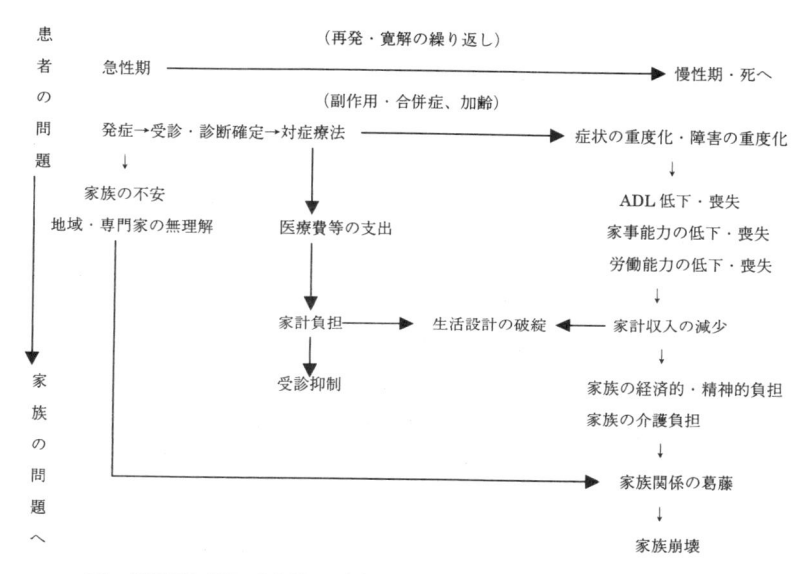

```
患	急性期 ────(再発・寛解の繰り返し)────→ 慢性期・死へ
者              (副作用・合併症、加齢)
の	発症→受診・診断確定→対症療法 ──→ 症状の重度化・障害の重度化
問	    ↓                ↓
題	家族の不安         医療費等の支出      ADL 低下・喪失
	地域・専門家の無理解    ↓            家事能力の低下・喪失
                         ↓            労働能力の低下・喪失
                                            ↓
↓           家計負担 ──→ 生活設計の破綻 ←── 家計収入の減少
家                ↓
族           受診抑制              家族の経済的・精神的負担
の                                家族の介護負担
問
題                      家族関係の葛藤
へ                           ↓
                          家族崩壊
```

図・難病患者及び家族の病気が及ぼす療養生活問題のプロセス

下してくるために生活設計の破綻を招きやすい。アンケート調査結果にもあるように、収入の低下とともに親やきょうだいの援助、年金が大きな生活基盤となってくる。このことから家族に対して肩身の狭い思いがしたり、病気であることに自責の念を感じたりすることが多いと言われている。しかし、このような状況にもかかわらず、特定疾患患者認定、身体障害者手帳の取得、障害年金の受給など公的サービスを得ることが困難になっている。調査結果からも低率であることは明らかであるが、疾患の特徴にあげられるように、一見して健康状態に見えるために特に医療従事者や行政機関にある者の理解が得られにくいと患者らは不満を訴える。これは、身体的特徴からの理解と判断に止まり、患者の生活の実態へ目を向けようとする専門家の視点が十分でないことが大きな原因である。しかし、その背景には他の難治性疾患患者との社会的公平性という建て前のもと、医療制度の改革による一元化の推進、つまり受診抑制と医療費の抑制による財政圧迫緩和の目的がある。さらに、家族の負担は経済的のみならず精神的負担や介護という労力的負担となっていくが、それらが起因となって病気が慢性化・長期化するに伴って家族間の

葛藤・崩壊も起こりやすい。なお家族問題に関して、膠原病系疾患を含む多くの難病は、発症から診断確定までの時間の経過が長く、この間に当事者や家族は症状の原因が分からないために不安状態に陥りやすく、家族の不用意な言葉に傷つくことが多いと言われる。事例1の場合も、易疲労感などの症状から「怠け者」などの不用意な家族の言葉がいつまでも〈心のしこり〉となっており、それが家族間の意思疎通の希薄さとして患者のことばの中に感じ取られた。

　以上、病気が及ぼす療養生活の実態であるが、ここに本研究のもう一つの課題として、病気が及ぼす経済的負担要因から最も大きく影響していく家族問題がある。これまで医療の領域においては、患者の救命、健康の維持・増進を第一に治療及び看護が積極的に行われてきたが、その間に起こる、あるいは起こるであろう家族間の問題については二次的な問題として消極的姿勢であった。また在宅療養患者との関わりが深い保健の領域においても、緊急に看護・介護を必要とするケースに対しては積極的活動の展開が見られる限りである。一方、家族問題は内輪のデリケートな問題として専門家への相談がしにくい面も考えられ、問題がますます内在化、困難化していく要因をつくる。

　医療社会福祉学の立場から、山手茂（1996、126-129頁）は厚生労働省の難病調査の結果を受けて、療養生活に関する不安や問題は患者本人ばかりでなく家族も同様に悩んでいること、つまり病気や障害が患者自身の生活問題を発生させ、さらに家族全体の生活問題へと進展させると述べている。そのうえで家族の心理・社会的問題を「危機」として捉え、二段階に区分する。つまり患者の発病・入院の段階において発生する場合を第一段階の危機、完治しないまま移行する退院・在宅療養の段階を第二段階の危機としていっそう深刻化すると述べる。また、家族関係が良好な場合は家族間の協力がいっそう緊密になるが、反対に家族関係が親密でない場合は家族関係の矛盾が顕在化し、弱者である患者が疎外され、適切な家族ケアを受けることができないと指摘する。このことは、これまでの聞き取り調査の中でも確認された。たとえば病気であるがゆえに結婚の機会を失った患者の場合、両親が健在であ

る時は患者を中心として家族がともに療養生活に協力的であるが、両親が亡くなり、特に経済的負担がきょうだいに移ると関係が崩壊しやすくなった事例が多く、患者及び家族ともに大きな不安要因となっている。患者運動の要因の中で、特に経済的生活保障問題が大きくなるのはこの所以であると考える。以上の理由により、山手は早期から家族全体を対象とする家族ソーシャルワークの開始と、療養生活に対応する危機介入ソーシャルワークを適切に行うことの必要性を示唆する。家族社会学の立場から、要田洋江 (1999) は障害児の親について、わが子が障害をもつことを知った親は例外なく大きなショックに見舞われるが、それは単に自分の気持ちだけに終わらない。周囲の人々の対応が二重、三重に追い打ちをかけると指摘する。たとえば周囲の人々の「難病」という病気への無理解は、偏見・差別を生み出し、特に女性患者の場合は将来子どもの縁談に響くという理由で離婚を迫られたり、また子どもが難病に罹患したという理由で家族から叱責を受け、次第に家庭の中に自分の居場所をなくすという事例がこれまでの聞き取り調査においても確認された。要田は親のライフスタイルの変更を提起する。つまり子どもの「代弁者」としての親性に近づくためには、親自身が社会から与えられた人生を生きるという受け身の人生を送るのではなく、「世間」への依存を止めて「自分の人生を主体的に生きる」ことが前提になると示唆する。同じく土屋葉 (2002) は、近代家族論で捉えきれなかった障害者家族の事例を通して内実に迫り、その上で「脱家族」という主張を改めて考察し、さらに障害者家族の近代家族を超えた新しい関係性を探る。つまり介助を除去した地点から関係性を再構築するという試みは、家族にまつわる規範を取り払い、最も身近な人間の一人として、お互いを思うことから始められると示唆する。

　以上、正常な家庭生活を営みながらも、家族の中に病人を抱えると家族間の均衡が崩れ、経済的・精神的問題を引き起こすことは早くから指摘されているにもかかわらず、この難病問題においては、支援が遅れている状況にあることは明らかである。要田や土屋らが示唆するように、家族は患者支援の一環として捉えられるのではなく、患者支援と同じく家族支援の視点も重要であり、それは同時に、また早期から始められる必要がある。

Ⅳ　これからの課題

　課題として、まず患者の生活実態の調査・確認である。友の会が行ったアンケート調査は、約7年の年月が経ったにもかかわらず意義は大きい。それは、患者の医療費の一部自己負担に変わることを機会に、患者自らが調査票を作成し、初めて当事者間で医療費問題を明らかにし、その結果を患者運動につなげようとしたこと、さらに、その後の医療制度改革によって当時の状況よりもさらに厳しい状況にある実態を想定できる一つの基本資料作成となったこと、という二点にある。しかし、平成15年度に再び改正が行われてから、その後の患者の生活実態の変化はまだ確認されていない。さらに、これまでの公的な経済的支援を見る限りにおいて、これからの支援はますます厳しい状況になることが予想される。したがって、患者自らが積極的に生活を築く努力が必要となるが、それを精神的に支える家族支援のあり方についても考えていかなければならない。その一環として、現在、居宅支援事業の推進が行われているが、経費等の患者負担が生活実態に十分に反映されていないという患者の声も多い。この点からも調査・確認の必要性がある。

　二つ目の課題として、患者・家族の関係を調整し、一度失いかけた生活設計を元に戻せるような専門職の精神的な支援のあり方を検討しなければならない。これまで病気に関わる医療従事者、在宅療養につなげるための医療ソーシャルワーカー、地域保健に関わる保健婦等が縦割りで患者と関わってきたが、これからは横の連携が重要である。そのための支援プログラムの作成が求められる。さらにその内容として、これまでふれてきたように難病の公的支援はますます厳しい状況にあり、患者及び家族を落胆させることが多い状況になりつつある。その中で患者が精神的な生きがいを見出し生活できる機会を提供できる内容を含めることが重要な点である。

　（なお、この論文は2005年5月長崎純心大学大学院純心福祉文化研究2005年第3号に発表されたものである）。

―註―――――
1) 非制度的対策とは、難病対策が法に基づいたものではなく、厚生労働省通知による事業であることを意味する。
2) 難病患者認定適正化事業とは、申請時に必要な臨床調査個人票（診断書）を電子化し、全国的に統一することにより、審査をより適正に統一的に判定することであり、患者間の格差をより最小限にとどめようとするものである。これ以前については患者間に不公平感をもたらしていたことは否定できないが、反面この事業開始に先立ち、認定から除外されることを恐れ、動揺する患者が多くいたことも現実である。実際、この事業開始に伴い、認定患者数の変化を招いた自治体は多いと言われているが、全国的にその結果については公表されていない。
3) アンケート調査は、未集計・未発表のまま保存されていたものであるが、研究資料のために提供された。提供されたアンケート総数は457、うち有効回答数は257で、その内訳は鹿児島123、長崎74、佐賀28、熊本25、沖縄7であった。アンケート内容の特徴は、医療費の患者負担を念頭に作成されたもので経済的側面に偏った内容であり、患者の生活全般を示す情報には至らなかった。質問は25項目にわたり、その内容は患者の背景、利用している社会サービスの状況、医療費負担と受診時の交通手段、友の会、等についてである。
4) 回答者の性別は女性232、男性20、不明5、また年齢は19歳まで8、20～29歳23、30～39歳43、40～49歳53、50～59歳54、60～69歳58、70歳以上18の結果であった。さらに結婚歴は未婚者76、既婚者173、不明8の結果が認められた。
5) 回答者の病気の種別は全身性エリテマトーデス156、強皮症・皮膚筋炎・多発性筋炎54、混合性結合組織病17、ベーチェット病9、シェーグレン症候群8、結節性動脈周囲炎3、その他2、前記の2つ以上の疾患を合併8、また重症者認定は認定者11、非認定者231、不明15の結果であった。さらに身体障害者手帳の受給は1級5、2級12、3級9、4級8、5級6、6級2、不明10、非所持205で、障害年金の受給は1級2、2級18、3級11、不明19、非受給207の結果が認められた。

文献
①孝橋正一・平田マキ他『現代の家庭福祉』ミネルヴァ書房、1991年
②野々山久也編『家族福祉の視点』ミネルヴァ書房、1992年
③松島千代野・松岡明子『新家族関係学』家政教育社、1993年
④長田雅喜編『家族関係の社会心理学』福村出版、1993年
⑤江藤幹子『医療の政策過程と受益者―難病対策による患者組織の政策参加』信山社、1993年
⑥山手茂『福祉社会形成とネットワーキング』亜紀書房、1996年
⑦要田洋江『障害者差別の社会学―ジェンダー・家族・国家』岩波書店、1999年
⑧厚生科学審議会疾病対策部会難病対策委員会・第3回議事録、2001年

⑨厚生科学審議会疾病対策部会難病対策委員会『今後の難病対策の在り方について（中間報告）』厚生労働省健康局疾病対策課、2002年
⑩土屋葉『障害者家族を生きる』勁草書房、2002年
⑪堀内啓子「長崎県における特定疾患対策事業の現状とその課題―介護保険サービス非該当の在宅膠原病患者の生活状況を通して」純心福祉文化研究会、2003年
⑫厚生統計協会編『国民衛生の動向』財団法人厚生統計協会、2004年
⑬江口栄一編『生活分析から福祉へ』光生館、2004年

障害を受容し生きることの意味について
―ある膠原病患者の療養生活史を通して―

要　約

　近年医療の進歩に伴い、通院形態をとる長期慢性疾患患者が増加している。その中で、社会福祉の現状は社会資源の効果的提供に比重が置かれ、当事者が本当に求めているものに耳を傾けようとする視点は等閑視されているように思われる。そこで、本研究では膠原病を患った女性患者をとりあげ、患者の「病みの軌跡」に耳を傾けた。

　患者は障害を負うことで人生の落ちこぼれになったと絶望的状態に陥り、人間としての生きる意味を見失ってしまう。しかし、リハビリに始めた水泳を通して日々努力しながら目標を一つひとつ達成していく中で、動けることへの喜びや人々との交流の喜びを体験し、さらに多くのスポーツ大会への出場や賞を取ることで内面的な価値を見出していく。このような患者の生活史や心の動きを追いながら病気という障害を受容し生きることの意味を論究した。その中で、社会福祉における適切な援助方法の示唆を得た。

キーワード：障害受容、内面的価値、膠原病

Ⅰ．研究の目的・課題・方法

1．目的

　今日の社会福祉の現状について、クライアントとそれを取り巻く環境というシステム思考に基づく具体的な社会資源の提供が一般化されるなかで、木原は、「人間の不合理な側面、あるいは意味を探求しようとする主意的意識の問題などのクライアントの主観的価値面は極力排除の対象とならざるを得

ない」(木原1996：141)と指摘する。たとえば、得永は自らが中途障害者となったとき、「生きている意味」を問うために社会福祉関係の書物の中にその答えを求めようとする。しかし、「私の問いに対する答えは何も見つけられなかった。私にとっては、解決されなければ生きられないほどのぬきさしならない問いであったのに。私の問いは投げかける先を失って、宙に浮いてしまっていた。私はただ独り、荒野に放り出されたかのように困惑していた」と振り返る。そして、障害を負った者の「心の苦しみ」を「あたりまえ」に生きていることが「あたりまえ」であり続けられなくなり、「生きてある」ことが解決されなければ一歩も前進できない差し迫った状況であった（得永1984：14、135）と述べている。社会福祉において、今日までこのような問題についての専門職による十分な論議が行われてきたであろうか。得永は、「心の苦しみ」の緩和について、「病むとはどういうことか」「回復はいかにして起こるか」、それらを通して「生きるとはどういうことか」を論究したが、これは障害受容の意味を明らかにすることにつながる。

　本研究では、ある膠原病患者の「語り」を通して「病みの軌跡」[1]を辿りつつ、障害受容の意味を論究する。一般に難病と言われる膠原病[2]は、いまだ根治療法を見出せないまま一生涯にわたり寛解と増悪を繰り返し、しかも若い女性の発症率が高いという特徴を持つ。さらに対症療法である薬剤のコントロールは困難を極め、新たな障害を招き、生活をより厳しいものにしている。したがって、このような慢性疾患に見られる中途障害は、その人が今まで築き上げてきた生活スタイルや価値観などを根本から揺るがす大きな出来事であり、誰もが自分の置かれた境遇に悲嘆する。しかし、どのような障害に遭おうとも、障害者は自分の病気やその症状、そして必要な治療と折り合いをつけなければならず、さらに治療による副作用がどのようなものであっても、治療を継続して生きなければならない。このような慢性疾患患者の障害受容の意味について論究することは、社会福祉の本質と適切な援助方法の示唆を得ることにつながると考える。

2．課題

　障害受容の研究は、アメリカから始められた。田垣（2002）のまとめによれば、Grayson（1951）は、リハビリテーションにおける障害受容の重要性を考察した。つまり、身体、心理、社会の3点から受容を考慮するべきであると指摘し、受容にいたる段階をボディ・イメージの再組織化、社会的統合の2段階に整理した。しかし、社会的困難の解決には、障害者自らの努力を強く求めた。Wright（1960）は、戦傷者の研究から障害受容とは、身障者が障害を不便かつ制約的なものでありながらも自分の全体を価値低下させるものではないと認識することであると定義づけた。Cohn（1961）及びFink（1967）は、受障後の心理は一定の段階を経て「適応」という最終段階にいきつくことを提唱した。つまり、障害について把握できない受障直後の状態―感情的な落ち込みおよび混乱―適応というプロセスを示した。

　わが国での障害受容の研究は、上記の理論に基づき上田（1980、1983）らを中心に発展してきた。たとえば上田は、Wright（1960）の定義を支持し、脳卒中患者を中心とした障害受容の過程を探究した。その結果、ショック期―否認―混乱（怒り・恨み、悲嘆・抑うつ）―解決への努力―受容の5段階に整理した。また石田（1986a, b）は被爆者の受容過程を漂流―抵抗―飛躍の3段階で示した。さらに、障害受容の本質について、上田はWrightと同じく「自己受容（自分の中から生じる苦しみの緩和）」にあるという価値転換理論を発表した。[3] これに対し、岡田（1986）、本田・南雲（1992）、堀（1994）らは、「時代の支配的価値観」に基づく社会の変革の必要性を指摘した。ついで、南雲（2002、2003）は、脊髄損傷患者を中心として、「自己受容」と「社会受容（他者から負わせられる苦しみの緩和）」の相互作用に着目した結果、「障害者が再び生きる意味を見出すことができる」のは、「社会受容」を進めることであると明示した。ただし、「社会受容」については概念を広く捉えるべきであるという意見もある。

　「病みの軌跡」は様々な要因が影響して方向づけられることから、事例によって異なり、個別的で多様性に満ちたものと考える。しかし、これら多様

さの中にあっても何らかの共通性や順序が伺われる面もあるのではないだろうか。したがって、本研究では事例を通して障害受容の過程とその特徴、障害受容の本質とその要因を明らかにする。

3．方法

　事例調査である。その対象選定と調査方法は以下の通りである。
　近年、当時者やその家族及び関係者による闘病記出版が盛んな中、「病い」を負って生きながら、その体験を自ら言語化したある膠原病患者Ａ氏（以下、敬称省略）の闘病記があった。その内容は、Ａの心の変化や葛藤が具体的に記されており、本研究が目的とする「病みの軌跡」を容易に見ることができることから基本資料とした。そこでＡにあらかじめ研究の目的と概要を伝え、了解を得たうえで自宅に伺った。そして闘病記を参考にしながらも闘病記に記されていない部分に注目をしながら、おいたちから現在に至るまでの生活状況、家族や他の人々との関わりやその影響、生きることの意味など半構造的な聞き取り調査を行った。聞き取りは平成15年8月27日、28日の2日間で約7時間を費やした。その内容はＡの許可のもと録音し、のちに分析を行うという手法をとった。
　なお事例紹介の項では、「おいたち」に続き時系列に患者の「病みの軌跡」をたどるが、その際5つの期間に区分してまとめる。そのまとめは、聞き取りの内容を補足するために闘病記ほか講演会（録画）なども参考資料とする。なお、以下文中の〈　〉は闘病記から抜粋（文末の数字は頁を表す）、" "は聞き取りや講演会で語られたＡの生の声として分別する。それ以外は筆者の文である。文中下線は、Ａの心の葛藤である。氏名公表については了解を得ているが、プライバシー保護の観点から公表は差し控える。

障害を受容し生きることの意味について

Ⅱ．本論

1．事例紹介
【事例概要】
A氏、56歳　女性
診断名　：多発性筋炎、両股関節骨頭壊死で両側に人工骨頭装着
障害等級：3級（障害名；両大腿骨頭無腐性壊死・両股関節人工骨頭置換術・両股関節機能全廃）
家族構成：夫（58歳）、長女（36歳、結婚して別居）、長男（32歳、同居）
おいたち：1946年にT市に生まれる。両親のもと姉と兄との3人きょうだいで育つ。父親は農業を営む傍ら、近所からの仕事依頼で漁や建築、神社の掃除など地域のありとあらゆる仕事を請け負っていた。人が好く、今でいう"ボランティア"のようなことをして生計を立てていた。母は内職の針仕事で生計を助けており、生活は貧しかった。誕生する9日前に南海地震が起きるが、その時身重の母が子供たちを連れて必死に逃げた話を姉からよく聞かされており、"あんたは生まれる前に既に死んでてんで"とよく言われた。1995年の阪神淡路大震災のとき、九死に一生を得た自らの体験を南海地震に思いを重ね、"母はすごい体験をしてくれたんだなあ、このようにして私を生んでくれたんだなあ"と思う。

　1960年（14歳）、仲のよかった5歳年上の兄が一緒に登ったこともある山中で突然服毒自殺を図る。兄の死によって母はショックで寝たきりの状態となる。その時18歳上の姉は既に結婚して家を出ていた。毎日、中学校と家を行き来しながら母の食事や排泄の世話を行う。高校は定時制を選び、昼間はふとん店に勤務し、夜間は学校へ、帰宅してからは母の介護という生活の繰り返しであったが、そのような生活に"何の疑問もなく当然のこと"と思っていた。高校時代の4年間、父親は一日も欠かすことなく起きてAの帰宅を待っていてくれた。母親に対しては、"いつかは元気になってくれるだろう"という気持ちがあった。兄の死について、〈家族を失った悲しみと空しさは、

どんな慰めの言葉も消してしまう。皆の言葉が心に響くにはたくさんの時間が必要だった。兄の突然の死は私に人間がこの世に生まれ、生きていくことの尊さを教えてくれた。年月が兄の気持ちを理解する時間を与えてくれた。兄をせめたてることより、生きている私自身が、兄の分も一生懸命生きるべきなのだ〉[58]と思うようになった。

1965年（19歳）、高校を卒業し姉が住むⅠ市に来て間もなく、知人の紹介で現在の夫（当時22歳）と結婚。1967年（20歳）には、長女を出産する。

【第一期―発病から診断が確定するまでの時期】

1971年（24歳）、長男を出産してから急に手荒れがひどくなる。次第に皮膚が硬くなり指紋の消失、運動の制限、疼痛、出血などの症状で生活に支障が生じる。皮膚科に受診しても軟膏が処方されるだけであった。その後約9年間、ひどい手あれ状態が続くが、筋力低下とともに症状は落ち着く。これはのちに膠原病の一つである『強皮症』であったことがわかった。

1976年（29歳）、母親が69歳で他界し、それにショックを受けた父親はほとんど寝たきりの状態となる。"自分でできる限り父を看続けたい"という思いから家族の協力を得て世話をするが、次第に父親の病状は進行して眼が離せない状態となり、医療施設に入院させる。

1982年5月（35歳）、全身倦怠感、筋力低下で物を落としたり、雑巾が絞れないなど家事に支障を来たし、近くの診療所に受診。「肝臓が悪い」と言われる。その後も顔面紅斑と筋力低下は著しく、〈もっときちんと自分の体のことを知りたい、いろいろな検査を受けてみなければ〉[11]という思いからK病院へ紹介を受けて入院。その時、〈家族にかける負担の大きさを考えると不安〉[12]であるとともに、〈自分一人だけが（家族から）取り残されていくようでただだた恐ろしい〉[14]と感じる。しかし、〈自分にとって何を反省し、何を考えるための入院になったのか、ゆっくり考えてみる事が必要。今までの生き方について、もう一度見直してみなければいけない。心の修行をしているのかもしれない〉[14]と日記に綴る。『慢性胆のう炎』と診断されて治療を受けるが、次第に頭を支えることも動かすことも出来ないほど病状は進行

〈今まで検査や治療を受けていながら少しも前向きに考えられる材料が見つからないことが気になり、医師の言葉を素直に受け入れるだけの生活に限界〉[20]を感じる。相談のうえ元の診療所に再び転院し、通院治療に切り替える。さらに、〈一度薬や注射を止めて、そうしたものに頼らない、実際の自分の姿を知りたい〉[20]という強い思いと焦りから拒薬を始める。

　同年9月、父親が80歳で他界。葬儀では、誰かの介護なしでは動くことも出来ない状態に、苛立ちながらも耐えることしか出来なかった自分を責める。その後再び子供のためにも原因を明らかにしたいという思いから、J病院を受診。検査の結果、『難病の疑い』と診断される。その間、夜布団に入ると〈病気を克服するために自分で何とかしたい。でもどうすることもできないんだ（A）〉[25]という思いが葛藤となり、泣き続けることしかできない自分を情けなく思う。そして、これから先の生活を一人思い悩み、〈どうやって生きるかより、どうすれば死ぬことが出来るか〉[26]と考え、次第に自分の殻に閉じこもっていく。また、家族が協力し合っている中で自分一人疎外感を感じ、卑屈になっていく。

【第二期―診断確定から治療効果が確認できるまでの時期】

　1982年10月、『難病の疑い』を指摘されてからそのまま専門医のいるS病院を紹介されて受診し、膠原病の一つである『多発性筋炎』と診断を受けて入院。診断がついて病気の不安を感じるよりもやっと第一歩を踏み出したようなほっとする思いとともに、この医師に任せて頑張ろうと気持ちを持ち直す。しかし、医学書などの「発病してから3年から5年で亡くなる」という一節を見て、〈やっぱりそう長く生きることは出来ないのだという気持ちがわき出し、その考えをもう一人の自分が打ち消していく（B）〉[29]。〈自分に何かあった場合、夫や子供たちはいったいどう生きていくのだろうか〉[29]と思うと、そのあとからはどんな言葉も浮かんでは来ない。夫は、〈お前がどんな体になっても、最後まで俺がめんどうを見るから安心しろ〉[35]と真剣な表情で声を振り絞るように言ってくれると、早く良くなって子供たちの待つ家に帰りたいと思う。その後、2回の血漿交換療法[4]はうまく対応できず中断。筋肉の衰えが心臓を動かす筋肉まで進行すれば生きられないという焦る気持

ちで、〈生きていたい！　生きなければ！……早くステロイドを飲ませて欲しい〉(30)と思う。

　同年10月、期待していたステロイド剤服用開始の前日、家と仕事と病院を往復する毎日に疲れも限界を通り越していた夫が、仕事中に鋼材の下敷きになるという大事故に遭う。夫の元へ駆けつけることも出来ない中で、〈病気になって以来、夫に何もかも頼りきっていたが、もう頼ることはできない、自分には頼れるものがない〉(41)という追い詰められた気持ちになる。また子供たちに対し、両親がいつ死ぬのかもしれないという言いようのない不安を持たせてしまったことを悔やむ。しかし、長女の励ましに、〈検査の体験を無駄にしたくない。検査データが役に立てることは、(自分の)生きていることの価値を確認するために必要なこと〉(45)だと思う。

　医師から気長にリハビリを頑張れば直ると言われながら、このまま筋肉の衰えが進行すれば確実に心臓の筋肉まで達すると思うと身近に死を感じるようになる。それでも不思議なほど落ち着いていて、〈ありままの自分の姿をこの目で見届けてやろう〉(53)と冷静な気持ちで考える。しかし、そんな落ち着きも夜になると一変し、〈生死の境にいてどうすることもできない自分がたまらなく空しくなってきた（C）……生きていても何の役にも立てない。周りの者への負担のことを考えると死んだほうがいい〉(54)と思われ、やっとの思いで窓際に立って自殺行動をとろうとするが、窓のガラスに手を添えることも出来ず、自分の力ではすでに死ぬ事も出来ない程の筋力低下に気付く。そして、〈発病から病気の進行の速さに心も体も追い立てられていくうちに、死は目前に迫る恐怖に変わって行った。……私はそれまでの私を失い、見境をなくしていた。少しでも楽になりたいと世の中から逃げる事ばかり考えていた。どんなことがあっても卑怯な人間にはなりたくないと（兄の死から）思い続けていた自分が、卑怯な生き方を選んでいた〉(58)ことに愕然となる。

　内服開始1週間後、薬の効果が現れ、筋力回復の徴候が見られる。それまでの打ちひしがれた気持ちが、生き返った思いに変わり、大勢の人のおかげで生かされていると感謝の気持ちでいっぱいになる。その頃、膠原病友の会の入会を勧められる。〈病識がなく、自分の中で膠原病であることを認めな

障害を受容し生きることの意味について

くてはならない空しい気持ちと、そう思いたくない気持ちが入り乱れていた(D)〉⁽⁷⁴⁾中で、勧めに来ている人が自分を膠原病だと信じている様子に強いショックを受ける。次第に筋力も回復し、見舞いに来れない長男に毎日手紙を送り、夫の介護も少しずつできるようになる。子供たちが病気で心細くなっていることを知れば、気持ちを落ち着かせるために何度も写経をしたり、眠らず一生懸命に般若心経を唱える。11月には夫が先に退院をする。

　髪の毛は綿毛、ムーンフェイスと体重増加などの副作用が目立つが、症状の回復とともにステロイド剤は減量され、病状が寛解期傾向に入ると待望のリハビリテーション（以下、リハビリ）が始まる。その時大切なものは〈家族のぬくもり〉⁽⁹⁵⁾だと感謝する。しかし、その暖かい家庭を壊してしまったのではないかという家族への申し訳のない気持ちから、〈高い入院費を払ってもらったのだから何かを学び、今後に生かせるものを発見したい。そうでないと家族に申し訳が立たない〉⁽⁹⁵⁾と考える。リハビリは順調に筋力を回復させるとともに、ステロイド剤は目標の25㎎に減量され、完治されない病気であることは気にかかりながらも1983年1月（36歳）、133日ぶりに退院をする。

【第三期―治療効果に伴う副作用との闘いの時期】

　退院をするが、どこを見ても元気な人ばかりで、〈一人だけ取り残されたような気持ちになった。……ムーンフェイスの顔や体を見ていると空しさだけが増していった。……生きていく目標が持てなくて、寂しさと空しさばかりの毎日を過ごす〉⁽¹⁰⁴⁾ようになる。このように薬の副作用でうつと躁の状態が繰り返された2年間は自分を探し続ける。家族や知人の励ましに体も心も動かず、空しさと寂しさに耐えられず、死んでしまいたいと思う。〈心のどこかでこんなことではいけないと思いながら、どうすることも出来ない（E）〉⁽¹⁰⁶⁾ことを悩む。そこで夫に、〈人生なんて、なるようにしかならないのだから仕方がないわ〉⁽¹⁰⁶⁾と話すと、〈それは間違っている。なるようにしかならないのではなく、なるようにしていく努力をしないとあかん〉⁽¹⁰⁶⁾と夫に諭される。この言葉に〈かすかに気持ちが動いてくるよう〉⁽¹⁰⁶⁾な気がする。

　1985年（38歳）、ムーンフェイスも軽減した頃、両股関節の疼痛が増大し、検査の結果、『骨頭壊死』と診断を受けて手術を勧められる。不安と失望感

に襲われながら手探りの生活が始まり、〈肉体的にも精神的にも疲れてあらぬ事ばかり考えてしまう〉[117]中で、次第に心が閉ざされていく。S病院へ検査入院を決心し受診する日、自宅のトイレにしゃがもうとしたその瞬間、ガシャッ！　という不気味な音を立てて左股関節が崩壊。すぐに人工骨頭置換術を受け、その後リハビリに励む。懸命になってサポートしてくれる〈家族のぬくもり〉[121]が伝わってきて、手術した体を大事にしなければと思う。骨頭壊死がステロイド剤の副作用であることに大きなショックを感じて独断で薬の減量を行うが、〈医者と患者のそれぞれの立場にあって、お互いの信頼関係こそが病気を快方に向かわせる近道〉[130]であることに気付き、再び指示量の服用を始める。

【第四期―生きている喜びが実感できる時期】

　1985年12月（39歳）、松葉杖歩行で退院をするが、不自由な体で今後に不安を感じながら鬱々とした毎日を暮らす。再びうつ状態に入り、人の励ましも負担に感じられ、外に出たくない、人に会いたくない、しゃべりたくない、という多くの時間を費やす。しかし、体が少しずつ動くようになると、色紙に向かい自分の心を問えるようになる。また毎日のリハビリで、室内では松葉杖がなくても歩けるようになる。時々見られる右股関節痛は鎮痛剤服用で軽減を図り、ほっと一息つけるような日がしばらく続くが、まもなく夫が『中耳炎』の手術でK病院に入院。退院までの約1ヶ月間は1日も欠かすことなく夫のもとに通う。この経験は、〈また一つ壁を乗り越えたような気分〉[141]になる。さらにステロイド剤の副作用（抵抗力低下）は左第2指の『ひょう疽』を起こし、I病院で外来通院。そのリハビリ室で筋力トレーニングの指導を受ける。その間、自転車に乗る練習も行う。

　1986年（39歳）、右股関節人工骨頭置換術を受けるためS病院に入院するが、入院30日間という病棟での新記録をつくり退院。この時心の中では"障害者手帳を持って動ける喜びがある反面、何ぼ頑張っても健常者じゃない。障害持ったら人生の落ちこぼれのよう"に思われる。その頃、偶然にも新聞のコラム欄に宗教家・松原泰道の言葉「花を愛すれば人間になってくる」が目に入る。この言葉をきっかけに花を育てながら人間になることの意味を追求す

障害を受容し生きることの意味について

る。
〈自分なりの動作であっても、思うように動ける事の喜びは何物にも代えがたかった。一つひとつ動作をこなしながら動けることの喜びと感動で胸が溢れそうになった。この気持ちを誰かに伝えたい、何とか言葉に表してみたい〉[159]と強く思うようになる。新聞の「女の気持ち」欄に投稿し、「歩けるということ」が掲載される。この体験は、自分の心の持ち方もその文章の後追いをするように変わってきたように思われる。この頃から随分前向きに心も体も動き出す。〈病気を治すには、それなりの薬や注射も時として必要だけど、自分の身体が喜ぶことをたくさん作ればいいのかもしれない〉[160]と思い、気持ちの切り替えをうまくすることで、開き直れるようになる。その後、「女の気持ち」ペングループ代表から入会を勧められ、掲載がきっかけとなって人の輪が広がり、心の触れ合う喜びを得る。また、ペングループの年数回の例会に松葉杖を使って通うことで、外に出る勇気と行動する自信を与えてくれたと感じる。

　1986年（39歳）、普通の人と同じようには動けないと思うと、言いようのない寂しさを感じてしまうが、それでも〈自分の体を使って何か出来る喜び〉[164]は大きかった。次第に〈工夫すれば何かやれる、もっといろんなことをしたい〉[164]と思うようになる。しかし、積極的に何かしたいと思い始めたにもかかわらず、周囲の者たちからは口々に無理をしなくていいと言われる。言われるたびに言いようのない寂しさを感じるが、先のことを考えてできるだけ家族の手を煩わせないように自分で行動して行こうと決心する。家での筋力トレーニングに励み、また自転車の練習を再開。自転車で外に出かけられるようになると、〈心の中まで自由になっていくよう……生きていくことへの喜びにつながって、次の挑戦へと心が動き出した〉[166]ように感じる。以前医師に「水泳がいい」と言われたことを思い出すが、手術の傷跡を〈人目に晒す〉[166]ことに強い抵抗感を感じ、しばらく思い悩む。しかし、〈せっかくの人生、可能な限り精いっぱい頑張ればいいのだ。少しでも悔いの残る人生にしたくない〉[166]という思いでプールに通うことを決心。週末だけの水中筋力トレーニングに通うが、それだけでは物足らず、さらに婦人水泳教室に

入会し練習に励む。また、事故以来様々な病気を繰り返す夫の通勤のために、長年のペーパードライバーを返上して自動車の運転を始める。〈何かができる喜びが心を満たし、生きていることが嬉しくてたまらなくなってきた。車を運転することで、社会の一員としての責任と自覚を持てるようになった〉[184]と感じる。

　1987年（40歳）、膠原病友の会に入会して機関紙の編集を担当。〈何かができている喜び〉を感じる。また25mを自分の力で泳ぎきることができ、挑戦してみて初めてそれが不可能でないこと、一生懸命に積み重ねること、の大切さを思い知る。1989年（42歳）には、県身体障害者スポーツ大会の水泳競技に出場して、自己ベストタイムで全国身体障害者スポーツ大会の出場候補となり、ソフトボール投銅メダル、25m自由形で銀メダルを受賞。大会に参加することで障害を公表することには抵抗はなかった。それどころか〈障害を持っていても頑張っているということを、大いにアピールしたい〉[202]気持ちだった。そのもようが全国ニュースで放映されると、多くの人からの反響を得る。同年には、同じ立場の人たちと情報交換がしたく、変形性股関節症当事者の会（のぞみ会）に入会し、全国の動きや今まで知らなかった重要な知識を得ることができる。

　1990年（43歳）、県スポーツ優秀選手賞を受賞。夫の言葉に揺り動かされここまで来れたことに感謝をしつつ、改めて〈どんな時も決して諦めてはいけない！　と思うとともに、家族の支えなしでは生きていくことはできない〉[226]ことを再認識する。この年は長女の結婚という喜びもある。また、日本身体障害者水泳選手権大会25m平泳ぎに出場し、大会新記録を出す。以降今日まで数々の水泳競技に出場しているが、特に1996年、1997年には念願のジャパン・パラリンピックに出場でき、金メダルを獲得する。

　1991年（44歳）、長女出産で初孫誕生。さらに、ソロプチミスト日本財団女性向上賞を受賞する。

【第五期―社会活動に向かう時期】

　1993年（46歳）、水泳教室に入れない下肢障害者のために、ボランティアで水泳グループを結成し世話役を務める。その後ボランティア連絡会にも入会

し、知的障害者の水泳指導などに関わる。さらに1995年（48歳）、阪神淡路大震災で被害を受けながら、しかも肺炎に罹っている状態で闘病記を書き終える。本を通して講演会依頼や新聞・雑誌・テレビ等で取り上げられる機会が増える。1999年（52歳）、ステロイド剤の副作用で両眼の白内障手術を受ける。2002年（55歳）、折に触れ何かと世話になっていた姉が73歳で他界する。病気がちの夫は50歳で仕事を辞め、以降互いに助け合いながら休み休みの療養生活を送っている。現在も水泳は日課となって続け、競技への出場も欠かさない。また、ペングループの活動、新聞等への投稿、講演会なども続けている。

2．結果

　以上がAという患者の「病みの軌跡」である。この軌跡を通観して以下のことが分かった。

1）「病みの軌跡」を生きる中でAはセルフケアを獲得していくが、その原動力となったのは、価値観の形成時期となった「おいたち」によるところが大きい。また、この時期に自己決定能力と行動力も養われた。そしてこれ以降、様々な困難に対する価値観の転換が繰り返され、「心の苦しみ」の緩和に向かう。

2）Aの心の変化を辿ると、第一期から第五期の5つの時期を通り、「心の苦しみ」の緩和へ向かう。その概要を下記表としてまとめてみると、第一期から第三期においては心の葛藤により前進・後退を繰り返しながら向かうという特徴が見られた。

3）「心の苦しみ」の中で、Aの心の拠り所となったのは常に「家族のぬくもり」を感じさせる家族の強い絆と支えである。それは、病いによって一旦失くしかけた妻として母としての役割を再び取り戻したいという強い思いに転化され、Aの闘病意欲を支えた。特に第二期からその強い思いは加速された。

4）第四期に入り、Aは『中耳炎』で入院している夫の見舞いを毎日欠かさず出来たことが自信となり、その後一部リハビリの意味も含めて自ら水泳や自転車、新聞への投稿とペングループ入会、自動車の運転、患者会活動

など積極的に取り組んでいった。これらを通して「動けることの喜びは生きていることの喜び」につながり、内面的価値の転換によって「心の苦しみ」の緩和が認められる。特に水泳は、次の挑戦としてボランティアという社会的活動に向かわせる機会となった。

表・Aの病みの軌跡

段階	状況
第一期 「発症から診断が確定するまでの時期」	1971年（24歳）第二児出産後発症。何らかの「病い」により身体活動の低下やボディ・イメージの変化が生活に影響を来たすため、今までの生活スタイルや価値観を変えざるを得ない状況に立たされる。これは自分に与えられた「心の修行」の機会として冷静に受け止めようとする一方で、「病い」を克服するために自分で何とかしたいという思いと、でもどうすることもできない無力な自分が葛藤する（下線A）。
第二期 「診断確定から治療効果が確認できるまでの時期」	1982年10月（35歳）、「多発性筋炎」と診断されると、医学書に書かれている期限付きの「生」を肯定する気持ちと否定する気持ちが葛藤する（下線B）。しかし、その期限付きの「生」の中に、自分の「病い」のデータが病気の解明に役立っていくことで自分の存在価値を見出そうとする。さらに医師の回復の期待感を持たせる言葉に病気と向かい合っていこうとする冷静な自分と、でもどうすることもできない無力な自分に嘆き、死を選択しようとする自分が対比する（下線C）。治療の効果が確認できると、多くの人に生かされていることに感謝する一方で、膠原病であることを認めなくてはならない空しい気持ちと認めたくない気持ちが葛藤する（下線D）。
第三期 「治療効果に伴う副作用との闘いの時期」	1983年1月（36歳）、退院後病状の回復とともに薬物の副作用によるボディ・イメージ障害や股関節障害、精神症状の繰り返しに、こんなことではいけないと思う自分と、でもどうすることもできない無力な自分が葛藤する（下線E）。

第四期 「生きている喜びが実感できる時期」	1985年12月（39歳）、薬物の副作用は続くが、筋トレの指導を機に自ら水泳や自転車などに挑戦。特に水泳では競技への出場と賞を得るまでになるが、これらの活動は人との輪を広げ、「何かができている喜び」を実感することで内面的価値を見出していく。
第五期 「社会活動に向かう時期」	1991年5月（45歳）、水泳ボランティアの活動に積極的に参加し、また闘病記完成を機に講演会等での難病理解やボランティア活動の普及に尽くす。

3．考察

1）おいたち

　Aの「おいたち」では、家族のあり方がAのその後の「病みの軌跡」に何らかの影響を及ぼしていることが認められる。第一に、仲のよかった兄の死である。自ら突然命を絶った兄の行為は、家族に大きな喪失感をもたらす。家族を失うことにより感じる悲しみや空しさは、残された家族の心の中にいつまでも焼きついたままであることを自ら体験し、〈人間がこの世に生まれ、生きていくことの尊さを教えてくれた〉と述べている。上田は、障害受容を「喪失体験や挫折体験からの立直りの一つの特殊な場合」（上田1983：211）と位置づけているが、Aの場合も兄の死を通して「生」の価値観の形成がなされ、それは「病みの軌跡」を生きる中で、常に生きることの指標となって障害の受容に向かわせたものと考える。第二に、兄の死にショックを受けて寝たきり状態になった母親の存在である。その存在は、南海地震の際の母親の体験と阪神淡路大震災の自らの体験を重ね、そのような大変な中で自分を守り命を与えてくれたことへの感謝と、病いにあっても価値のある自分の存在に気づかせてくれたことである。また、その気づきの中で闘病記を書き終えるという一つの仕事を完成することもできた。これらのことは、今までの価値観を転換させた。さらに、母親が寝たきりの状態になったことを機に、母親との役割交代は当然のものとして受け入れなければならない家庭の事情があった。家計を助け、家事をこなすことにより自己決定能力と行動力は養われ、将来「病みの軌跡」を生きる中でセルフケアを獲得していく際の原動力

となったと考える。第三に、農業を営む傍らボランティアのような仕事を行っていた父親の存在である。その存在は、Aに障害を乗り越え、ボランティアという社会活動に向かわせる要因をもたらした。水泳教室に入れない下肢障害者や知的障害者などへの水泳指導というボランティア活動を通して、"社会参加ができているということは、こんな身体でも何かができるという気づきがあった"と感じさせる。そして、それらの活動の中に"父親の姿が見えてくる"と述べている。ここにおいても今までの価値観を転換させたものとして考えることができる。

2）家族のぬくもり

「病みの軌跡」を生きる中で、初期症状の段階から常に夫や子供達の協力と声かけがあったことは、Aに生きる勇気を与えるとともに生きる意味を問いかけてきた。夫は当初から常にAに寄り添い、Aの病いへの挑戦を見守ってきた存在である。入院してまだ診断もつかないと不安がるAに心強い言葉を投げかけ、妻として母としての役割を想起させ、闘病意欲を引き出す。また薬剤の副作用で抑うつ状態にあって自暴自棄になっている時には、人生を前向きに努力して進むように諭し、Aの心を揺さぶる。このような家族の支えに対し、Aは常に「家族のぬくもり」を感じながら「心の苦しみ」の緩和に向かうが、緩和されたとき、「どんな時も決して諦めてはいけない」ことと「家族の支えなしでは生きていくことはできない」ことを再認識する。また、ボランティアという社会活動についても"家族の強い絆……家庭がうまくいってなければできないのではないか"と述べている。これは、病いを体験することにより家族の存在の重要性を今まで以上に感じているところであるが、ここにAの家族における価値観の転換が明らかに伺える。一方渡辺（2003）は、通常の家族では家族内役割と個人の性差やパーソナリティー特性が結びつき、比較的安定した状態を維持しているが、障害者をもつことにより家族機能は脅かされる。しかし、その対応能力は家族によって異なるとした上で、それは、その家族の各個人の役割変更能力と外的要因によって決まると述べている。Aの家族の場合、夫も子供も家事など柔軟に代替し、ま

たAや夫の両親やきょうだいのサポートによって家族の対応能力は高まったと考えることができる。この結果は、Aの障害受容を加速させた。

3）動けることの喜び

　「病みの軌跡」を生きる中で、様々な人たちとの出会いやその影響があった。たとえば、同じ病気の人たちとの出会いや語らいが、"病気で苦しんでいるのは自分だけではない"という孤立感を緩和させ、それからの生きる意欲に繋がっていった。新聞等に掲載されれば、その言葉に動かされた人たちからの電話や便りが届けられ、人の輪が広がり、心の触れ合う喜びを体験することが出来た。これは講演などの体験も含め、自分が社会的存在であり、その一員であることを同時に認識していく体験であったと考える。それら多くの人々との出会いの中で、宗教家・松原泰道の「花を愛すれば人間になってくる」という言葉に心が動かされる。"人間の落ちこぼれが花を愛するだけで人間になってこれるの？　というものすごい救い。私一人悲観してた。人間であって人間でないみたいな、ものすごい悲観的なの。花を愛するだけで人間になれるなら、私も花を愛する気持ちがあれば人様と同じ人間になれるんや"と思う。その時から庭先に花を植え、毎年花を咲かせているが、この体験は"花に愛情を持って育てる、つまり気配りをさせてもらっている間に自分が人間らしくなれと鍛えられてるんだ"と気付かされたと言う。このような体験を通して、〈人工骨頭という異物が入った２本の足をレントゲンで見たとき、それが自分の体の一部だとは信じられなかった。心の支えまで無くしてしまったような空しさを感じ、こんな体では、これから先どれだけ生きられるかわからないと絶望的な気持ちになった。その一方で、このまま終わりたくないという思いが心の底から強烈に噴き出してきた。その日以来、私の人生観は変わった〉[165]と述べている。上田はこのようなAの絶望的な気持ちを、「社会の障害者に対する（低）価値観の彼（女）の内面への反映（取り入れ）」（上田1983：199）と説明する。つまり元気な時は、社会の支配的な価値観（若さ、生産力、経済力など）に何ら疑問も持たないまま受け入れてきたが、障害を持つことにより、その価値体系の中からの脱落者になったことを知る

や絶望的になり、生きている価値のない人間になってしまったかのように思われるのだと言う。しかし、Aは花を育てることで、人間としての自信を取り戻し、社会の支配的価値観から脱却して独自の新しい価値体系を作って生きていこうとする。その後、Aは本来泳げなかった水泳を自らリハビリの一環として取り入れ、日々努力して練習に励み、また目標を持って進むことで、最終的にはさまざまなスポーツ大会への出場を果たし、数多くの賞を獲得することが出来た。これは努力という内面的な価値に転換されることで、人間としての価値、あるいは生きる価値を見出していったのだと考える。リハビリとは、「人間らしく生きる権利の回復」（上田・鶴見2003：14）という意味をもち、単に機能回復訓練に止まらない。鶴見（上田・鶴見2003）は、脳出血で左片麻痺の状態になったとき、上田の「目標指向的リハビリテーション」[5]に出会い、自らの意思で目標を持って訓練をすることで新しい可能性を見出し、その後仕事に復帰する。半世紀ぶりに噴出した短歌を歌集として出版するなど精力的に活躍している。鶴見はこのリハビリを通して、「目標を持って日々稽古（練習）をすれば内発的に発展する、つまり一つの山に登ることを目指して、その山に登れば、次々に、より高い山を目指して進む」（上田・鶴見2003：229）ことを体験したのである。Aの場合も、自ら養われた自己決定能力と行動力、病いによって転換してきた価値観によって高い山を目指して進むことが出来た。その結果、「自分の身体を使って何かできる喜びは生きていることへの喜びにつながり、次の挑戦へと心が動き出す」ことを病いから学ぶことが出来たのである。

4）「心の苦しみ」の緩和

　Aの発症からの心の変化は、葛藤を繰り返しながら5つの時期を通り、「心の苦しみ」の緩和へ向かった。その5つの時期の経緯は前記の表の通りであるが、これらを通観すると大きく三段階に整理できる。第一段階は、心の葛藤が繰り返される期間で、その葛藤の要因は、原因不明の病いや薬物の副作用、「期限付きの生」などに対して自分の力ではどうすることもできない「無力な自分」の存在であった。第二段階は、回復の機会をつかみ、内面

的価値を見出していく期間で、薬物の副作用などの症状に動くことの制限はあってもそれなりに動けることやボディ・イメージ障害からの脱却によって喜びを感じることができることで、障害を受け入れる。第三段階は、障害を受容し社会活動に向かう。

　以上３段階を経て「心の苦しみ」の緩和、つまり障害受容に向かったと考える。

4．結論

　本事例において「病みの軌跡」を生きることは繰り返される価値観の変化の軌跡でもあった。その価値観の変化は心の葛藤のうえに生じ、そこに「心の苦しみ」があるが、これは押し寄せるさまざまな障害に対して何もできない「無力な自分」の苦しみである。そして、その「心の苦しみ」が繰り返され緩和に向かうことが、すなわち障害の受容に向かうことである。さらに、その緩和に向かわせるものとして家族の支えや、同じ病気の人たちとの出会い、宗教家の言葉、医師や看護師等の専門職の指導がある。これらが障害の「回復」の起因となるものであり、価値観の形成・転換を起こさせる。したがって、障害受容はその人が生きていくうえでの指標となる価値観に大きく影響されることが分かった。そして「生きている」ことが実感できるのは、障害を持っていてもそれなりに自分で何かが出来ている喜びを感じられたときである。そして「生きる」とは、「心の苦しみ」を通して今までの人生を振り返ることである。その振り返りによって、今まで体験してきた「病みの軌跡」に意味を見出し、その体験を社会的活動などに活かしていくことである。

　以上のことから、本事例では障害受容の過程を「無力な自分」との葛藤、内面的価値への転換、社会化の３段階に整理された。「病みの軌跡」は、個々の障害の程度や生活環境によって異なることから個別的で多様性に満ちたものであるが、Grason，Cohn及びFink、上田、石田らが示した障害受容の過程と比較した場合、すでに共通性と順序が認められる。そして、障害受容の本質はWrightや上田が言うように「自己受容」という価値転換に基づ

くが、その要因は他者からの影響によるところが大きいことが証明された。

Ⅲ. 残された課題

　本研究において、価値観の転換が障害受容に大きく影響することが分かったが、その影響を与える要因として家族関係などいくつかの点があげられた。本田・南雲ら（1994）は、これらの要因を、1）年代・性別・パーソナリティ・宗教などの個体要因、2）原因・失われた機能や部位・予後などの障害要因、3）治療環境・家族・職業などの環境要因、の3つの側面からあげている。これらの要因のすべてが本事例でもみられる。今回、膠原病患者を事例にとりあげたが、例えばこの疾患の場合、20〜40歳代の若い女性に発症しやすい特徴から結婚・出産問題など深刻な女性の性の問題があり、障害受容に向かうには多くの困難が立ちふさがっている。このように疾患の特徴一つを取っても障害受容に影響を与える要因は複雑であり、今後さらに分析が必要である。さらに本事例の場合、現時点では障害が受容され社会活動に向かっている様子が認められたが、今後加齢による体力の低下が病いのうえに加わってくることは避けられない問題である。その場合、どこまでこの障害受容が継続されていくのか、あるいは再び葛藤の中で「心の苦しみ」が繰り返されていくのか、ということは今後の研究課題であり、また、この事例に限らない慢性疾患患者にとっても重要な課題となる。

　おわりに、この研究にご協力頂いたA氏にお礼を申し上げたい。

　　（なお、この論文は2004年3月長崎純心大学大学院人間文化研究科人間文化研究第2号、2004年の中に発表されたものである。）

――註――
　1）コービンとストラウスによる"軌跡理論に基づく慢性疾患管理の看護モデル"で使われた言葉。慢性疾患は長い時間をかけて多様に変化していくが、これを病気の行路と言う。そして「病みの軌跡」とは、この病気の行路をめぐって、患者や周囲の人々の考えや行為、そして治療やケアなどが影響して方向づけられてきた患者自身の体験そのものをさす（酒井郁子2000：795）。
　2）人間の身体の中の細胞を支えている膠原繊維は、細胞と細胞を結合させている結

合組織に含まれる成分であるが、その障害によって起こる膠原病は、皮膚、関節、筋肉、血管ほか全身を侵す疾患の総称名である。一般に難病と言われる特定疾患群の中で、膠原病系疾患は全身性エリテマトーデス、ベーチェット病など約3分の1の疾患を含む。疾患により症状は若干異なってくるが、全身症状である発熱、易疲労感、関節や筋肉の腫脹や疼痛・こわばり、筋力低下などは共通して見られる。いまだ病態のメカニズムが不明であるため根治療法も見出せない現状であるが、ステロイド剤や免疫抑制剤の投与、リハビリテーションなどの対症療法の進歩によって延命とともに在宅療養が可能となり、通院形態をとる患者は90%以上にものぼる（全国膠原病友の会『30周年記念誌、2001年膠原病ハンドブック』参考）。
3）上田は、Wrightの定義を前提に、「あきらめでも居直りでもなく、障害に対する価値観（感）の転換であり、障害を持つことが自己の全体としての人間的価値を低下させるものではないことの認識と体得をつうじて、恥の意識や劣等感を克服し、積極的な生活態度に転ずることである」と定義づけた。（上田1983：209）。
4）循環血液中に存在する病因物質を除去し、病態の改善を目的とする治療法。
5）目標指向的リハビリテーションとは、患者・障害者における最大限のQOLの実現とそれは「新しい人生の創造」によってより良く実現できるという考え方にたって、「どのような新しい人生を創るのか」という目標を明確にして、それに向けてリハビリテーションを進めていこうという考え方（上田・鶴見2003：15）。

文献

石田忠（1986・a）『原爆体験の思想化　反原爆論集Ⅰ』未来社
石田忠（1986・b）『原爆被害者援護法　反原爆論集Ⅱ』未来社
上田敏（1983）『リハビリテーションを考える』青木書店
上田敏・鶴見和子（2003）『患者学のすすめ―"内発的"リハビリテーション』藤原書店
梅崎利通（2001）「障害の受容と生きがいのある人生の研究～進行性神経筋難病患者を中心に～」東洋大学大学院紀要
J.H.van den Berg著、坂泰次郎・上野矗訳（1975年）『病床の心理学』現代社
Elisabeth Kubler-Ross 著、川口正吉訳（1971）『死ぬ瞬間　死に行く人々との対話』読売新聞社
岡田武世（1986）『人間発達と障害者福祉』川島書店
木原活信（1996）「ソーシャルワークにおける『意味』の探求と解釈―ある難病患者の病いの『語り』（narrative）をめぐって―」広島女子大学生活科学部紀要　第2号、141－155
酒井郁子（2000）「回復過程を援助するということ」看護学雑誌64／9
田垣正晋（2002）「『障害受容』における生涯発達とライフストーリー観点の意義―日本の中途肢体障害者研究を中心に―」京都大学大学院教育学研究科紀要48、342－352

得永幸子（1984）『「病い」の存在論』地湧社
南雲直二（2002）『社会受容―障害受容の本質』荘道社
南雲直二（2003）「障害受容の相互作用論―自己受容を促進する方法としての社会受容」総合リハビリテーション9、811-814
本田哲三・南雲直二（1992）「障害の『受容過程』について」総合リハビリテーション20、195-200
本田哲三・南雲直二ほか（1994）「障害受容の概念をめぐって」総合リハビリテーション22，820
Pierre Woog（ed.）編、黒江ゆり子ほか訳（1995）『慢性疾患の病みの軌跡　コービンとストラウスによる看護モデル』医学書院
掘正嗣（1994）『障害児教育のパラダイム転換　統合教育への理論研究』柘植書房
渡辺俊之（2003）「家族関係と障害受容」総合リハビリテーション31、821-826

資料1　調査概要と事例紹介

1）調査方法

　本研究において使用するデータは、2000（平成12年）9月から2005（平成16）年11月まで継続的に行ってきた、膠原病系疾患をもつ人を対象とした8名の聞き取り調査の筆記記録とテープ記録からの抜粋である。聞き取りは対象者の自宅で一対一で行うことを原則としたが、一部対象者においては自宅外の出来るだけ静かな場所を選び行った。また、配偶者あるいは紹介者同席希望のある事例については、本人の希望に従った。実施するにあたり、聞いた内容についてはあくまでもデータとして捉え、個人に関する秘密は厳守することを事前の依頼時及び実施直前の2度にわたり伝えた上で、テープ録音の許可を得て行った。また自由にありのままを話してほしいと伝えた上で、はじめに基本的な属性（名前、年齢）、病名及び合併症、発症年齢〈診断確定年齢〉、医療保険、社会的サービス〈特定疾患・重症者認定、障害等級、障害者基礎年金、介護保険など〉、職種と生活収入源について質問を行った。質問内容の中心は、①発病前の生活、②診断を受けてからの身体や生活の変化（家族関係等も含む）、③現在の生活、の3点である。出来る限り質問者による問いかけを抑え、対象者に自由に話してもらえるように努めた。一人に要した時間は1時間から3時間程度である。

2）調査対象

　筆者は、1999（平成11）年より今日まで膠原病友の会のボランティア活動に継続的に参加し、患者らとの交流を図りながら関係性を築き上げてきた。また、この活動を通して全国の多くの難病患者との出会いもあり、その中で多くの情報を得ることが出来た。本研究は学部の卒業論文と修士論文が基盤にあるが、これは複数の友の会会員との関係性の上に成り立ったものである。
　2000年夏から、患者会を通して当事者理解のためにインタビューを行いた

いと申し出たところ、会員の紹介を受けた。その後も対象者とはボランティア活動等を通して交流を図ってきた。依頼の交渉は筆者が行ったが、その方法は依頼書とその後の電話確認である。

なお、本研究において20歳未満の対象者は除外した。その理由は、両親の扶養の下に生活を行っている場合が多く、生活問題が実感として受けとめにくいのではないかと推測したからである。また、これらの対象者については難病対策の一つである小児慢性特定疾患治療研究事業の中で展開されている。したがって、20歳未満患者の生活問題研究は今後の研究課題としたい。事例のプロフィールは以下の表の通りである。

表・事例プロフィール

2005年11月末日現在

事例	性別	年齢	病名（合併症）[注1]	療養期間[注2]	公費負担	備考
1	女	40代	SLE（有）	5年	有	未婚、一人暮らし
2	女	40代	SLE（有）	13年	有	
3	男	50代	ベーチェット病（有）	16年	有	
4	女	20代	DM（有）	7年	有	
5	女	70代	SLE（有）	38年	有	
6	女	80代	アダルトスティル病（有）	21年	無	介護1
7	女	60代	SLE（有）	35年	有	
8	女	50代	PM（有）	21年	有	障害手帳有

注1）ＳＥＬ：全身性エリテマトーデス　　ＰＰＳ：強皮症　　ＰＭ：多発性筋炎
　　　ＤＭ：皮膚筋炎　　ＭＣＴＤ：混合性結合組織病　　ＡＰＳ：抗リン脂質抗体症候群
注2）療養期間は、医師の診断による病名の確定時の年齢から現年齢までの期間を表す。

資料2　「難病30年の研究成果」の概要

表・事例プロフィール

結　果		1972（昭和47）年	1994（平成6）年	2002（平成14）年
対象研究班・疾患		8研究班 8疾患		37研究班 118疾患（調査は115疾患）
病　因	不明	75疾患	39疾患	12疾患
	一部解明	38疾患	72疾患	85疾患
	ほぼ解明	4疾患	5疾患	19疾患
	全体が解明	0	0	1疾患
診断基準	基準のない疾患	73疾患		11疾患
	一般医でも診断可能	5疾患		45疾患
治　療	根治治療が確立	2疾患		12疾患
	ある程度確立	8疾患		31疾患
	未確立			74疾患
	可能性なし			24疾患
QOL	改善している			74疾患
生命予後	改善している			62疾患
推計患者				約72%
患者数の動向				35%の疾患増加 60.7%不変

筆者作成（参考：厚生労働省厚生労働科学研究難治性疾患克服研究事業・特定疾患の疫学に関する研究班『難病30年の研究成果―難病の研究成果に関する調査報告書』2004年3月）

資料3　難病（特定疾患）の歴史

時期区分	西暦	難病対策	難病関連事項
第一段階「社会防衛から難病患者福祉への移行」	1948		日本患者同盟結成（3月）
	1949		身体障害者福祉法制定
	1950		生活保護法制定
	1957		朝日茂氏、生活保護法の保護基準について提訴（'67・5敗訴）（8月）
	1960		社団法人日本リウマチ友の会結成
	1961	国民皆保健制度成立	サリドマイド事件（11月）
	1963		老人福祉法制定
	1964	原因不明の疾患（後のスモン病）の集団発生に対し、厚生省は最初の調査研究班（前川班）を組織（9月）	社団法人日本筋ジストロフィー協会結成（3月）日本内科学会「SMON」を命名。戸田奇病（スモン）報道（5月）
	1967	前川班解散（4月）	米沢市でスモン患者同盟結成（6月）
	1969	岡山県の集団発生を機に再度調査研究班（甲野班）を組織、4つの専門別班に編成（4月）	社団法人東京進行性筋萎縮症協会結成
	1969	スモン調査研究協議会結成、研究班を4つの専門別会に再結成（9月）	全国スモンの会結成大会開催（11月）
	1970	スモンの原因がキノホルムであることを厚生省に報告、同製剤の販売停止措置（9月）社会保険審議会「医療保健制度の根本的改正について」答申、その中で「原因不明でかつ社会的にその対策を必要とする特定疾患については全額公費負担とすべきであ	ベーチェット病患者を救う医師の会結成（3月）ベーチェット病友の会結成（6月）『厚生白書』に、初めて「スモン」が取り上げられる

資料3　難病（特定疾患）の歴史

第一段階「社会防衛から難病患者福祉への移行」		る」（10月）	
	1971	厚生省内に難病プロジェクトチームの設置（4月） 研究班を6つのテーマ別部会に再編成（6月） スモン調査研究協議会疫学部会は「キノホルムはスモン発生の必要条件の一つであることは間違いない」と結論（9月） 厚生省による「医薬品の副作用による被害者救済制度研究班」の設置、1973年には研究会に拡大、これが後の『医薬品副作用被害救済基金法』に繋がる（10月）	肝炎友の会・全国筋無力症友の会結成 ベーチェット病患者を救う医師の会が難病救済基本法試案作成、新聞紙上に掲載（2月） スモン患者提訴、以降次々に薬害訴訟起こる（5月） 全国膠原病友の会結成（11月）
	1972	スモン調査研究協議会（旧厚生省委託）は原因について、「患者の大多数はキノホルム剤の服用によって神経障害を起こしたものと判断される」と報告（3月） 特定疾患研究費補助金により2事業開始。調査研究として8疾患の研究班設置、治療研究として4疾患につき受療者に協力謝金を支給（1ヶ月間に20日以上の入院者に対し、1万円支給）（6月） 厚生省に特定疾患対策懇談会設置（6月） 公衆衛生局に「特定疾患対策室」新設（7月） スモンを難病に指定（7月） 「特定疾患対策室」から「難病対策室」に変更（8月） 『難病対策要綱』発表、進め方として以下3点を柱として総合的に実施（10月） ①調査研究の推進、②医療機関の整備と要員の確保、③医療費の自己負担の解消	全国難病団体連絡協議会（略称・全難連）結成（4月） 10団体の参加の下、全国難病団体連絡協議会結成大会開催（6月） 老人福祉法改正、70歳以上医療費無料化（6月、1973年1月施行） キノホルム被害者を支援する会結成、以降次々に支援グループが結成（9月）

第二段階「難病患者福祉の確立と展開」	1973	調査研究20疾患、治療研究6疾患に拡充し、治療研究については医療保険による自己負担額を公費助成する制度が発足（入院枠の撤廃と医療費の自己負担の解消）、以降'76年度まで毎年度複数疾患追加、'77年度以降毎年度1疾患追加予定（4月） 公衆衛生局に組織強化を目的として「難病対策課」「地域保健課」等組織変更（8月）	スモン患者による生活実態調査実施。スモン裁判の本格的審理開始（6月）
	1974	9疾患群について「小児慢性特定疾患治療研究事業」を創設（4月）	スモンの会全国連絡協議会結成（3月）
	1975	厚生省特定疾患「難病の治療・看護」調査研究班設置	
	1976	特定疾患調査研究班が43研究班に拡充（4月）	
	1978	スモンに対する、はり等の治療研究を創設（12月）	東京スモン訴訟、原告勝訴の判決（8月）
	1979	『薬事二法（医薬品副作用被害救済基金法、薬事改正法）』可決成立（9月）	
	1980	神経系難病の治療センターとして都立神経病院開設（7月）	
	1982	「難病対策課」から「結核難病課」へ変更（9月）	
	1983	老人保健法の一部負担金相当額を特定疾患治療研究事業による医療の給付の対象（8月）	老人保健法施行、70歳以上医療費無料制度廃止（2月）
	1984	健康保険制度改正により、健保本人1割自己負担導入とあわせ、高額療養費制度（一般5万1千円、低所得者3万円）に血友病、人工透析の限度額1万円の設定（10月）	

資料3 難病（特定疾患）の歴史

第二段階「難病患者福祉の確立と展開」	1985	「結核難病課」から「結核難病感染症課」へ変更（10月）	
	1986	国立精神・神経センター設立（10月）	日本患者・家族団体協議会（JPC）結成（6月）
	1988	「結核難病感染症課」から「疾病対策課」へ変更（7月）	
	1989	『難病対策要綱』4つ目の柱として、「地域における保健・医療・福祉の充実・連携」（4月） 「難病患者医療相談モデル事業」を開始（平成元年度7都道府県）（8月）	
	1990	「難病患者医療相談モデル事業」に訪問診療事業を新設（4月） 小児慢性特定疾患治療研究事業の対象疾患を10疾患群に拡大（4月）	
	1992	「難病患者医療相談モデル事業」を「難病患者地域保健医療推進事業」に改め、医療相談事業の実施県を21県に拡大（4月）	
	1993	公衆衛生審議会成人病難病対策部会に「難病対策専門委員会」を設置（7月） 心身障害者対策基本法を障害者基本法に改題（12月） 障害者基本法第2条付帯決議（難病患者を障害者の範囲に含む）（12月）	
	1994	難病患者地域保健医療推進事業の医療相談・訪問診療の実施県を47都道府県に拡大（4月） 在宅人工呼吸器使用特定疾患患者緊急一時入院事業を新設（4月） 特定疾患調査研究班が44研究班に拡充（4月）	

201

第二段階「難病患者福祉の確立と展開」	1994	診療報酬改定（難病患者入院診療料及び入院料等の創設）（4月） 地域保健法公布（難病対策を保健所事業の一つとして位置づけ）（7月） 公衆衛生審議会成人病難病対策部会難病対策専門委員会「中間報告」発表（7月） 健康保険制度及び老人保健制度の改正により、入院時に係る食事療養費の標準負担相当分及び訪問看護の基本利用料相当分を特定疾患治療研究事業による医療給付の対象（10月）	
	1995	難病患者地域保健医療推進事業」に患者・家族教室（モデル教室）を新設するとともに、新たに「特定疾患医療従事者研修事業」を開始（4月） 特定疾患対策懇談会に「特定疾患調査研究班再編成検討委員会」を設置（11月） 難病対策専門委員会最終報告（12月） 総理府障害者対策推進本部「障害者プラン」を策定（12月） 「難病を有する者に対して、関連施策としてホームヘルプサービス等適切な介護サービスの提供を推進する」（12月）	
	1996	特定疾患対策懇談会特定疾患調査研究班再編成検討委員会報告「特定疾患調査研究班再編成計画」（2月） 『難病対策要綱』5本目の柱として、「生活の質（QOL）の向上を	

資料3　難病（特定疾患）の歴史

| 第二段階「難病患者福祉の確立と展開」 | 1996 | 目指した福祉施策の推進」（4月）
難病情報センター設置によるインターネット上情報提供開始（4月）
特定疾患対策懇談会特定疾患調査研究班再編成検討委員会に基づく特定疾患調査研究事業の開始（48研究班）（4月）
特定疾患対策懇談会に「特定疾患調査研究事業に関する評価基準作成部会」及び「特定疾患治療研究事業に関する対象疾患検討部会」を設置（4月）
診療報酬改定（難病患者入院診療料及び入院料等の対象疾患の拡大）（4月） | |
| | 1997 | 「難病患者等居宅生活支援事業」を創設（1月）
難病患者等ホームヘルプサービス事業（1月）
難病患者等ホームヘルパー養成研修事業（1月）
難病患者等短期入所事業・難病患者等日常生活用具給付事業（1月）
特定疾患治療研究事業に関する対象疾患検討部会報告を取りまとめ、特定疾患対策懇談会において同「報告」を了承し、特定疾患治療研究事業の今後のあり方については、厚生省に再検討を要請（3月）
難病患者生活支援促進事業の開始（4月）
公衆衛生審議会成人病難病対策部会において、特定疾患治療研究事業に関する対象疾患検討部会報告を受け、特定疾患治療研究事業の今後のあり方については、総合的難病対策の検討と併せて、難病対 | |

第二段階「難病患者福祉の確立と展開」	1997	策専門委員会に付託して検討を開始（4月） 「疾病対策課」から「エイズ疾病対策課」へ変更（7月） 難病対策専門委員会報告「今後の難病対策の具体的方向について」（難病対策の見直し）（9月） 健康保険制度改正により、健康保険被保険者本人に係る一部負担割合を1割から2割へ改正、並びに健康保険制度及び老人保健制度の改正により、薬剤に係る一部自己負担を創設（9月）	
第三段階「難病患者福祉の再考」	1998	「難病特別対策推進事業」を創設（4月） ①重症難病患者入院施設確保事業（H.10年度より） ②難病患者地域支援対策推進事業（同上） 「医療費の自己負担の解消」から「医療費の自己負担の軽減」へ変更（5月）	
	1999	特定疾患調査研究事業を組替え、厚生科学研究「特定疾患対策研究事業」を創設（4月）	
	2000	特定疾患治療研究対象疾患45、特定疾患調査研究対象疾患118（4月）	
	2001	介護保険の施行（4月） 特定疾患治療研究事業の対象疾患に関する新診断基準（4月） 特定疾患治療研究事業対象疾患の選定方法に関する調査研究（4月） 継続申請3年毎に延長（4月） 小児慢性特定疾患治療研究事業の今後のあり方と実施に関する検討会」設置（9月）	

資料3　難病（特定疾患）の歴史

第三段階「難病患者福祉の再考」	2001	厚生科学審議会疾病対策部会に「難病対策委員会」設置（9月） 1998年の難病特別対策推進事業に「神経難病患者在宅医療支援事業」及び「難病患者認定適正化事業（コンピューター判定）」を追加・創設（平成13年度より実施予定）（10月）	
	2002	国立成育医療センター設立（3月） 難病対策議員連盟設立（5月） 厚生科学審議会疾病対策部会難病対策委員会「今後の難病対策のあり方について」中間報告（8月） 内閣府障害者施策推進本部「新障害者プラン」を策定（12月）	
	2003	1998年の難病特別対策推進事業に「難病相談・支援センター事業」を追加・創設（平成15年度より）（4月） 厚生労働科学研究「特定疾患対策研究事業」を組替え、「難治性疾患克服研究事業」を創設（4月） 特定疾患治療研究事業における認定基準等の設定（6月） 医療費制度改正（所得に応じた段階的負担）（10月） 特定疾患治療研究事業における19疾患の軽快者基準（10月）	
	2004	在宅人工呼吸器使用特定疾患患者訪問看護治療研究事業実施要綱（4月）	
	2005		日本難病・疾病団体協議会結成（JPC、全難連等が再統一化）（5月）

筆者作成（参考：疾病対策研究会監修『2004年版　難病対策ガイドブック』、ジュリスト増刊「福祉を創る―21世紀の福祉展望」有斐閣、1995年）

205

資料4　難病対策（専門）委員会の経緯

委員会名	公衆衛生審議会成人病難病対策部会・難病対策専門委員会	公衆衛生審議会成人病難病対策部会・難病対策専門委員会	厚生科学審議会疾病対策部会難病対策委員会
発足日	1993（平成5）年7月	1997（平成9）年5月（対策部会の報告を受けて）	2001（平成13）年9月
最終報告	1995（平成7）年12月	1997（平成9）年9月	2002（平成14）年8月（中間報告）
委員会設置目的	21世紀に向けた総合的な難病対策の検討	成人病難病対策部会の報告を受けて、旧厚生省で再検討	今後の難病対策の在り方について―難病対策に関する専門的事項の調査審議
審議内容	特定疾患調査研究事業及び特定疾患治療研究事業等をめぐる難病対策の現状とその評価及び今後の対策の方向について	1、1995年12月の最終報告に基づく施策の実施状況、特定疾患治療研究事業の対象疾患選定基準の検討経過及び難病対策の施策の現状について報告 2、以下4つの情勢をふまえ、今後の難病対策の方向についての検討 ①特定疾患治療研究対象疾患の選定挙準作成の必要性、②ALSなどの重症難病患者の療養環境整備の必要性、③新たに実施した施策（難病情報センター、居宅生活支援事業等）の点検の必要性、④厳しい財政状況での総合	1、今後の特定疾患研究の在り方 2、今後の特定疾患治療研究事業の在り方 3、今後の特定疾患の定義と治療研究対象疾患の選定の考え方 4、今後の難病に係る福祉施策の在り方

資料4　難病対策（専門）委員会の経緯

		的難病対策の進め方について検討の必要性	
審議方法	患者団体、都道府県からの意見聴取を含めた審議	成人病難病対策部会の報告（平成9年4月）を受け、患者団体からの意見聴取を含めた審議、なお懇談会ではアンケート調査を含め審議	患者団体や研究班からの意見聴取
今後の対策の具体的方向	対策1について、①臨床調査研究グループの創設、②横断的基盤研究グループの創設、③研究評価体制の強化、④着手研究者の育成強化及び弾力的運用 対策2について、①国公立病院及び民間病院等における積極的な受け入れ、②医学的管理と介護を中心としたサービスを行えるような中間的な施設の検討 対策3について、①対象疾患の選定基準の明確化、②診断基準、治療指針の適切な改定及び周知、③調査研究と治療研究との連携強化 対策4について、①保健所を核とした地域ケアシステムの構築等、②難病患者地域保健医療推進事業等の拡充、③難病情報センターの設置 さらに対策5として、「QOLの向上を目指し	1、調査研究の推進方向についての留意点：①重点的研究の実施、②研究成果の積極的な情報提供、③医薬品の適応外使用研究に関する体制の確立 2、難病患者の療養環境整備についての留意点： ①入院または入所施設の確保対策—a）地域における受け入れ体制の整備、b）国立病院・療養所の受け入れ体制の強化、c）福祉施設の活用と連携、d）診療報酬における支援措置 ②地域に根ざした在宅療養の支援対策—a）保健所における調整機能及び普及・啓発機能の充実、b）難病対策における都道府県以外の保健所の位置づけ、c）難病患者地域保健医療推進事業の見直し、d）難病情報センター	審議1について、①研究内容・研究体制の大幅な充実を図る、②評価システムを構築し、研究成果についての定量的な評価の実施 審議2について、①性格の維持・明確な目標の設定と事業評価の実施、②疾患の特性、患者の重症度や経済的側面等を考慮するとともに、一部自己負担の考え方や事業規模等についての整理、③法制化については今後の検討課題 →医療費制度の改正（平成15年10月より施行）、具体的には、①治療結果、症状が改善し、経過観察など一定の通院管理の下で、著しい制限を受けることなく就労を含む日常生活を営むことができると判断された者を「軽快者」とし、医療費の公費負担対象外とする。

た福祉施策の推進」の追加
①ホームヘルプサービス事業の創設、②ショートステイ事業の創設、③日常生活用具給付事業の創設

の質的充実
③難病患者等居宅生活支援事業の改善―ａ）身体障害者への対応、ｂ）対象者の年齢制限の見直し
④特定疾患治療研究事業の見直し―ａ）事業の効果とｂ）事業の問題点は省略。
ｃ）事業見直しのための選択肢について、
・対象疾患の見直し―希少性や難治性が相対的に低下した疾患の他の疾患との入れ替え、そのための対象疾患の評価と取捨選択の基準作成
・対象疾患における重症度基準の導入―対症療法の開発に進歩が見られる一定の疾患について、重症度の高い患者のみを対象とすることや重症度に応じた患者負担率の設定を考慮、そのための重症度基準の導入の研究が課題
・全額公費負担の見直し―研究推進のための全額公費負担の必要性及び難治性疾患患者との社会的公平の問題、対象患者数の増大と厳しい財政状況の中で、これまでの患者認定方法の継続と施策の推進

②他の難治性疾患や障害者医療との公平性の観点をふまえ、低所得者（非課税者）は新たに自己負担をなくし、それ以外の者は所得に応じて段階的に負担限度額を設定する。その場合、入院：０円～最高23,100円、外来：０円～最高11,500円で、所得階層区分は７段階である。
審議３について、①４要素の維持、②研究対象としての必要性とその見直し、③原因が明確な疾患は別制度確保の検討、④今後の難病に係る福祉施策の在り方、⑤介護保険制度、障害者基本計画、障害者プランとの整合性を考慮した福祉施策の検討、⑥利用者の利便性やサービスの効率性に配慮、⑥ADLや重症度を十分に勘案した福祉施策の検討

資料4　難病対策（専門）委員会の経緯

| | | を行うためには、全額公費負担から一部負担への変更を考慮→対策3の「医療費の自己負担の解消」を「医療費の自己負担の軽減」に変更、平成10年5月より施行。（根拠として、医療技術の進歩に伴い、がん、ねたきり等の他疾患との不公平感の増大を是正するため、重症難病患者を除く難病患者に対する医療費の一部自己負担を導入することが適当）その場合、
入院：1医療機関当たりの月額14,000円を上限、
外来：1医療機関当たりの月額2,000円（一回1,000円を月2回）を上限 | |

筆者作成（参考：①平成13年9月、厚生労働省難病対策委員会資料、②『障害者問題情報誌』1997年10・11月、③2004年度『国民衛生の動向』）

参考及び引用文献

基本資料

1. 公衆衛生審議会成人病難病対策部会難病対策専門委員会最終報告、1995年12月
2. 特定疾患対策懇談会特定疾患治療研究事業に関する対象疾患検討部会報告、1997年3月
3. 公衆衛生審議会成人病難病対策部会難病対策専門医委員会　今後の難病対策の具体的方向について（報告）、1997年9月
4. 厚生科学審議会疾病対策部会難病対策委員会　中間報告、2002年8月

報　告

1. 厚生省特定疾患難病のケア・システム調査研究班実態調査分科会報告、1998年
2. 長崎市障害者アンケート調査報告書、長崎市福祉保健部障害福祉課地域保健推進課、1998年
3. 調査研究報告書『難病等慢性疾患者の就労実態と就労支援の課題』、日本障害者雇用促進協会　障害者職業総合センター、1998年
4. 厚生省精神・神経疾患研究委託費筋ジストロフィー患者のQOLの向上に関する総合研究班『筋強直性ジストロフィーの治療とケア』医学書院、2000年
5. 医療制度改革試案（概要）――少子高齢社会に対応した医療制度の構築――、2001年
6. 厚生労働科学研究難治性疾患克服研究事業・特定疾患の疫学に関する研究班『難病30年の研究成果―難病の研究成果に関する調査報告書』、2004年3月
7. 千葉大学文学部社会学研究室『障害者という場所―自律生活から社会を見る（1993年度社会調査実習報告書）―)』、1994年、pp. 26～38

著　書

1. 増山元三郎編『サリドマイド―科学者の証言』東京大学出版会1971年
2. Elisabeth Kubler-Ross 著、川口正吉訳『死ぬ瞬間　死に行く人々との対話』読売新聞社、1971年
3. 石田忠著『反原爆　長崎被爆者の生活史』未来社、1973年
4. 石田忠著『続反原爆　長崎被爆者の生活史』未来社、1974年
5. J.H.van den Berg著、早坂泰次郎・上野矗訳『病床の心理学』現代社、1975年
6. 亀山忠典・飯島伸子他編『薬害スモン』大月書店、1977年
7. 石田忠著『原爆体験の思想化　反原爆論集Ⅰ』未来社、1986年

参考及び引用文献

8. 石田忠著『原爆被爆者援護法　反原爆論集Ⅱ』未来社、1986年
9. 岡田武世著『人間発達と障害者福祉』川島書店、1986年
10. 川村佐和子・木下安子・山手茂編『難病患者とともに』1975年
11. 神谷美恵子著『人間をみつめて』みすず書房、1980年
12. 神谷美恵子著『存在の重み』みすず書房、1981年
13. 宮元真左彦著『サリドマイド禍の人びと―重い歳月の中から』筑摩書房1981年
14. 上田敏著『リハビリテーションを考える』青木書店、1983年
15. 得永幸子著『「病い」の存在論』地湧社、1984年
16. 一番ヶ瀬康子著『生活学の展開――家政から社会福祉へ』ドメス出版、1984年
17. 乾死乃生・木下安子著『難病と保険活動』医学書院、1985年
18. 小林司著『「生きがい」とは何か　自己実現への道』NHKブックス、1989年
19. 実川悠太編『グラフィック・ドキュメント　スモン』日本評論社、1990年
20. 志鳥栄八郎著『冬の旅』徳間文庫、1990年
21. 孝橋正一・平田マキ他『現代の家庭福祉』ミネルヴァ書房、1991年
22. 『難病の辞典』照林社、1991年
23. 日本患者同盟40年史編集委員会編『日本患者同盟40年の軌跡』法律文化社、1991年
24. 野々山久也編『家族福祉の視点』ミネルヴァ書房、1992年
25. 松島千代野・松岡明子著『新家族関係学』家政教育社、1993年
26. 長田雅喜編『家族関係の社会心理学』福村出版、1993年
27. 衛藤幹子著『医療の政策過程と受益者―難病対策による患者組織の政策参加』信山社、1993年
28. 本田哲三・南雲直二ほか『障害受容の概念をめぐって』総合リハビリテーション22,820、1994年
29. 掘正嗣著『障害児教育のパラダイム転換　統合教育への理論研究』柘植書房、1994年
30. 片平洌彦著『構造薬害』農文協、1994年
31. Pierre Woog（ed.）編集、黒江ゆり子他訳『慢性疾患の病みの軌跡―コービンとストラウスによる看護モデル』医学書院、1995年
32. 古結芳子著『銀のしずく―膠原病を生きる』エピック、1995年
33. 山手茂著『福祉社会形成とネットワーキング』亜紀書房、1996年
34. 柳澤桂子著『癒されて生きる―女性生命科学者の心の旅路』岩波書店、1998年
35. 柳澤桂子著『やがて幸福の糧になる』ポプラ社、2002年
36. 柳澤桂子著『患者の孤独』草思社、2003年
37. 白木博次著『冒される日本人の脳―ある神経病理学者の遺言』藤原書店、1998年
38. Abraham H Maslow著／上田吉一訳『完全なる人間』誠信書房、1998年
39. 要田洋江著『障害者差別の社会学―ジェンダー・家族・国家』岩波書店、1999年
40. Anselm Strauss他、南裕子監訳『慢性疾患を生きる―ケアとクォリティ・ライフ

の接点』医学書院、2001年
41. 星美恵子著『春は残酷である』日本図書センター、2001年
42. 水島裕監修『難病の理解とケア』Gakken、2002年
43. 土屋葉著『障害者家族を生きる』勁草書房、2002年
44. Roy I Brown編著/中園康夫・末光茂監訳『障害を持つ人にとっての生活の質』相川書房、2002年
45. 障害者福祉研究会編集『ＩＣＦ　国際生活機能分類』中央法規、2002年
46. 南雲直二著『社会受容―障害受容の本質』荘道社、2002年
47. 江口栄一編『生活分析から福祉へ』光生館、2004年
48. 加賀谷一著『結核作業療法とその時代―甦る作業療法の原点』2003年
49. 鶴見和子・上田敏著『患者学のすすめ―"内発的"リハビリテーション』藤原書店、2003年
50. Arthur Kleinman著、江口重幸ほか訳『THE ILLNESS NARRATIVES Suffering, Healing and the Human Condition 病いの語り―慢性の病いを巡る臨床人類学』誠信書房、2004年
51. 朝日訴訟記念事業実行委員会編『人間裁判　朝日茂の手記』大月書房、2004年
52. 疾病対策研究会監修『2004年版　難病対策ガイドブック』現代社会保険

論文

1. 宇尾野公義「いわゆる難病の概念とその対策の問題点」公衆衛生　第37巻第3号、1973年、p. 191
2. 仲村英一「特定疾患対策」日本公衆衛生雑誌　第21巻第4号、1974年、p. 220
3. 一番ヶ瀬康子・清水寛・上田敏ほか「ジュリスト増刊総合特集座談会『人権・障害者福祉・平和―国際障害者年の基本課題は何か』」有斐閣、No.24、1981年9月、p. 15
4. 石川左門『ジュリスト増刊総合特集「これからの医療・福祉―患者の立場から」』有斐閣、1986年、pp. 36～41
5. 山手茂「ジュリスト増刊総合特集『医療をめぐる新しい運動―保健・医療・福祉ネットワーキング』」有斐閣、1986年、pp. 191～197
6. 川村佐和子・星旦二「難病への取組み」『ジュリスト増刊総合特集・日本の医療―これから』有斐閣、No.44、1986年、p. 58
7. 二木立「リハビリテーションにおける自立概念の転換―ADLからQOLへ」『ジュリスト増刊総合特集・日本の医療―これから』有斐閣、No.44、1986年、p. 55
8. 高木克芳・佐藤政之輔・大場須賀子ほか『訪問診療・看護の現状と今後のあり方』臨床成人病　VOL. 21　NO. 11　1991年、1921～1925
9. 本田哲三・南雲直二『障害の「受容過程」について』総合リハビリテーション20、1992年、pp. 195-200
10. 木原活信『ソーシャルワークにおける「意味」の探求と解釈―ある難病患者の病い

の「語り」(narrative) をめぐって一』広島女子大学生活科学部紀要 第2号、1996年、pp. 141-155
11. Fukunaga H. Kasai T. Yoshidome H. Clinical finding. status of care. comprehensive quality of life. daily life therapy and treatment at home in patients with Parkinson,s disease. Eur Neurol 1997 ; 38 Suppl 2:64〜9
12. 柴崎知美・永井正規・阿相栄子ほか「難病患者の受療動向—難病医療費公費負担制度による医療費受給者の解析」日本衛生学雑誌 52 631-640、1998年、pp. 631〜639
13. 福島靖正・坂田清美・森岡聖次ほか「特定疾患医療受給者証を利用した難病患者の長期観察」第45巻13号 厚生の指標 1998年、pp. 25〜32
14. 江澤和江・牛込三和子・輪湖史子ほか「難病患者の医療費公費負担制度における患者把握状況と地域保健活動のあり方」民族衛生64(1)1998年、pp. 48〜60
15. 春名由一郎「難病(特定疾患)者の就労の実態」障害者職業総合センター研究紀要 7 1998年、pp. 45〜63
16. 島岡弘子『難病医療費自己負担の撤回を求める』ばんぶう、1998年、pp. 80〜83
17. 玉木朝子『難病患者の実情と患者会の活動(その1)』月間社会民主10月号、1998年、pp. 35〜38
18. 玉木朝子『難病患者の実情と患者会の活動(その2)』月間社会民主11月号、1998年、pp. 64〜68
19. 坂本秀夫『難病患者の生きる権利「難病患者救済基本法」制定を求める』月間社会民主、1998年、pp. 96〜101
20. 稲田美恵子『難病患者に必要な支援をどうつくりあげていくか社会資源・制度活用の実際を通して』生活教育、1998年、pp. 29〜33
21. 中谷比呂樹「特定疾患(難病)研究事業の特性と評価に関する研究」慶應医学77(4)2000年、pp. 143〜156
22. 佐藤俊哉・稲葉裕・黒沢美智子ほか「特定疾患治療研究事業対象疾患の選定方法に関する検討」厚生の指標 47(13) 2000年11月、pp. 11〜17
23. 酒井郁子『回復過程を援助するということ』看護学雑誌64/9、2000年、p. 795
24. 西三郎「会長講演・21世紀に向けて難病行政のあり方」日本難病看護学会誌VOL. 5 NO. 1 2000年、p. 13
25. 山縣然太朗「特別講演・難病と遺伝—遺伝情報をめぐる諸問題—」日本難病看護学会誌VOL. 5 NO. 1 2000年、p. 14
26. Simmons Z. Bremer A. Robbins A. et al. Quality of life in ALS depends on factors other than strength and physical function. Neurology 2000 ; 55 : 388〜92
27. Robbins A. Simmons Z. Bremer A. et al. Quality of life in ALS is maintained as physical function declines. Neurology 2001 ; 56 : 442〜4

28. 梅先利通『障害の受容と生きがいのある人生の研究～進行性神経筋難病患者を中心に～』東洋大学大学院紀要、2001年
29. 田垣正晋「『障害受容』における生涯発達とライフストーリー観点の意義―日本の中途肢体障害者研究を中心に―」京都大学大学院教育学研究科紀要48、2002年、pp. 342－352
30. 牛込三和子「会長講演・難病看護の足跡と展望」日本難病看護学会誌、VOL. 6 NO. 2 2002年、pp. 79～86
31. 淵上博司・永井正規・仁科基子ほか「難病患者の実態調査――1997年度特定疾患医療受給者全国調査の解析―」第49巻　日本公衆衛生雑誌　第8号、2002年、pp. 724～788
32. 大久保成江・牛久保美津子・数間恵子ほか「在宅療養経過に伴うALS家族の心理的変化とその影響要因　社会活動を行っている療養者2家族の事例分析」日本難病看護学会誌　VOL. 6　NO. 2　2002年、pp. 127～135
33. 檜垣由佳子・鈴木正子「神経難病患者の病む体験」日本難病看護学会誌　VOL. 6 NO. 2　2002年、pp. 136～146
34. 恒川京子「小泉内閣がねらう難病医療の改悪」前衛　2002. 11、pp. 192～197
35. 南雲直二『障害受容の相互作用論―自己受容を促進する方法としての社会受容』総合リハビリテーション9、2003年、pp. 811～814
36. 渡辺俊之（2003）『家族関係と障害受容』総合リハビリテーション31、2003年、pp. 821－826
37. 淵上博司・永井正規・仁科基子ほか「難病患者の受療動向―1997年度特定疾患医療受給者全国調査の解析―」日本衛生学雑誌　58　357－368、2003年
38. 堀内啓子「長崎県における特定疾患対策事業の現状とその課題―介護保険サービス非該当の在宅膠原病患者の生活状況を通して―」純心福祉文化研究、2003年創刊号、pp. 1～7
39. 太田昌子・仁科基子・柴崎智美ほか「地域保健事業報告における特定疾患医療受給者情報の利用」厚生の指標50（1）2003年1月、pp. 17～23
40. 秋山智・加藤匡宏「脊髄小脳変性症患者におけるインターネット・コミュニティー―神経筋難病情報サービス『読者の交流室』の分析を通して―」日本難病看護学会誌　VOL. 8　NO. 2　2003年、pp. 129～136
41. 吉田礼維子「成人初期の炎症性腸疾患患者の生活実態」日本難病看護学会誌　VOL. 7　NO. 2　2003年、pp. 113～122
42. 佐々木栄子「壮年期にあるパーキンソン病患者の自己概念の様相」日本難病看護学会　VOL. 8　NO. 2　2003年、pp. 114～123
43. 秋山智・中村美佐ほか「地域生活を送る脊髄小脳変性症A氏の病気への対処行動に関する研究―ライフヒストリー法による分析を通して―」日本難病看護学会　VOL. 8　NO. 2　2003年、pp. 124～133

44. 隅田好美「筋萎縮性側索硬化症患者における障害受容と前向きに生きるきっかけ」日本難病看護学会　VOL. 7　NO. 3　2003年、pp. 162〜171
46. 矢倉紀子・谷垣静子「難病患者の疾病受容過程に関する検討」日本難病看護学会　VOL. 7　NO. 3　2003年、pp. 172〜179
47. 杉江拓也「特集　保健医療分野におけるQOL研究の現状・特定疾患とQOL」保健医療科学　53（3）　2004年、pp. 191〜197
48. 永津俊治「教育講演・難病の最先端研究：遺伝子診断・遺伝子治療」日本難病看護学会誌VOL. 9　NO. 2　2004年、pp. 88〜93
49. 板垣泰子・土井渉・長井迪子（ほか）「京都市難病患者の実態調査結果の検討」日本公衆衛生雑誌51（4）2004年4月、pp. 280〜286
50. 小松喜子・前川厚子・神里みどりほか「潰瘍性大腸炎患者とクローン病患者の実態と保健医療福祉ニーズ（1）共通点と相違点」日本難病看護学会誌　VOL. 9　NO. 2　2004年、pp. 109〜118
51. 野川道子・佐々木栄子「自己免疫疾患患者の病気の不確かさとその関連要因」日本難病看護学会　VOL. 8　NO. 3　2004年、pp. 293〜299
52. 堀内啓子「難病患者の経済的負担要因とその影響―膠原病系疾患患者の事例を通して―」純心福祉文化研究2005年第3号、PP. 21〜31
53. 堀内啓子「障害受容―ある膠原病患者の療養生活史を通して―」長崎純心大学大学院人間文化研究科人間文化研究第2号　2004年、pp. 19〜31
54. 小松喜子・前川厚子ほか「クローン病（CD）患者の人生の満足度に関わる要因について」日本難病看護学会　VOL. 9　NO. 3　2005年、pp. 179〜187

患者団体出版誌関連

1. JPC資料「日本患者・家族団体協議会（JPC）の組織と活動」
2. JPC,全難連『特定疾患治療研究事業見直し後の影響調査結果』2004年2月15日
3. 全国難病センター研究会「難病センター　ニューズレター」2003年6月、No. 0（創刊準備号）
4. 全国難病センター研究会「難病センター　ニューズレター」2003年8月、No. 1（創刊号）、p. 1
5. 全国難病センター研究会「難病センター　ニューズレター」2003年12月、No. 2、p. 1
6. 全国膠原病友の会埼玉県支部『彩り』1994年3月
7. 『膠原病患者家族生活実態調査報告書』全国膠原病友の会、1998年
8. 岩手スモンの会『失われたときの叫び―薬害スモンとの闘いとその軌跡―』2000年
9. 全国膠原病友の会『30周年記念誌、2001年膠原病ハンドブック』2001年

統計資料

1．2004年「国民衛生の動向」財団法人 厚生統計協会
2．2005年『国民衛生の動向』財団法人 厚生統計協会
3．昭和46年版厚生白書
4．昭和47年版厚生白書
5．厚生の指標臨時増刊『国民衛生の動向』2004年第51巻第9号

その他

1．武藤香織『論壇―遺伝性難病の療養不安解消を』朝日新聞、2000年11月15日、29面
2．週間保健衛生ニュース「ヘルス・アイ―在宅ALS患者のたんの吸引」2003年7月28日、P48
3・http://www.nanbyou.or.jp/tokuteisikkan/s/su2.html―難病情報センター
4・http:/ www8.plala.or.jp/kougen/page003.html―全国膠原病友の会
5・http//www.nanbyou.or.jp/dantai/jpc.html―日本患者・家族団体協議会（ＪＰＣ）日本難病・疾病団体協議会
6・http://www.nanbyou.or.jp/dantai/nanbyoudanren.html―全国難病団体連絡協議会
7・http://www.tokeidai.co.jp/h -nanren/new/zenkoku/bappon2.htm―厚生労働省　第1回難病対策委員会議事報告。
8・http://www.arsvi.com/0b/940517.htm―全国自律生活センター協議会ホームページ

あとがき

　私と難病患者さんとの初めて出会いは、看護学生の時で、内科病棟の実習中だったと思う。病名は、当時まだ聞きなれない「膠原病」で、中年の女性患者さんであった。膠原病という病気は、当時有名なシャンソン歌手が罹っている病気であるということから、徐々に知名度が上がっていたようだが、私はその患者さんに出会うまで全く聞き覚えがなく、その時に初めて原因不明の病気であることを知った。しかし、これ以降難病患者さんとの出会いは途切れた。

　それから約25年を経て、私が難病患者さんの世界に入り研究を始めたきっかけは、1999年初め、偶然目にした膠原病患者さんの"いいたい！"という小さな新聞記事であった。膠原病という文字に目が止まり、今なお原因不明であることを知った。そして、病気を持って生きることの困難さについて書かれたその記事に心動かされる思いであった。記事の内容に改めて病気のもたらす生活の問題を知り、さらに医療施設の中においては気づきにくい問題の重さを知った。その記事の作者である、全国膠原病友の会長崎県支部会長の小田崎節子さんや鹿児島支部会長の清藤美枝子さんには、これ以降多くの学びと機会を頂いた。まずはお礼を申し上げたい。中でも、多くの患者さんやその家族の方々との出会いをつくって頂き、お話を伺うことができた。そして、病気や障害をもって生きることの不安や苦しみにふれる度に自分の人間としての未熟さを反省し、改めて人間の生きる意味について深く考える機会を持つことができたことは、非常に有意義であった。人間の生活は個々に違うものであるが、この体験から病気や障害を持つことによってさらに複雑化していくことが分かった。したがって、患者不在の医療には常に社会の批判があがっているが、人間不在の福祉は絶対にあってはならないことを強く感じた。このことが、『患者福祉』という言葉に結びついた。

　本書は、2006年３月長崎純心大学大学院人間文化研究科から学位授与され

た、博士学位論文に若干加筆・修正を加えたものである。博士論文及びこのもとになった修士論文『地域で暮らす膠原病患者の生活問題とその福祉課題』の作成にあたって、多くの患者及びその家族、関係者の方々には時間を惜しむことなく快くインタビューに応じて頂いた。心よりお礼を申し上げたい。本書に引用させて頂いた内容はその中のごく一部であるが、今回引用されなかったものも含め、これらを基盤として今後の患者福祉研究発展のために使わせて頂きたいと考えている。また、これまで出会った多くの学友からは、学内に止まらず様々な場で的確な指摘をして下さった。さらに、長崎純心大学に社会人入学以来これまで、多くの先生方にご指導を頂いた。特に保健師としての豊富な経験から地域福祉に詳しい佐々田縫子先生には、公私に亘り的確なご指導を頂き続けてきた。とても感謝している。なお、2004年4月からは博士論文作成の傍ら職務に専念しなければならない私の状況を理解して頂いた、活水女子大学健康生活学部子ども学科の先生方にはお礼を申し上げる。

　改めて大学院における指導教官として、福祉学領域については一番ヶ瀬康子先生、津曲祐次先生、日比野正己先生、宗教学的視点については山内清海先生の4名の先生方にご指導を頂いた。言い尽くせない感謝でいっぱいである。津曲先生には、特に研究に対する姿勢や方法について厳しく的確な指摘を頂いた。日比野先生には発想の転換についてご指導を頂いた。山内先生には学部から9年に及ぶ「人間について」のご指導を頂いた。特に大学院に進学してからは「人間の苦しみ」について宗教学的視点からご指導を頂いてきたが、未だ先生の熱意と期待に応えられない未熟な自分を戒めている。今後さらに研究を進めていくうえでの私の大きな課題となっている。

　主査の一番ヶ瀬先生には、学部からの講義を含めれば9年、先生のゼミ生になってから7年ご指導を頂いたが、これまで先生の励ましの言葉に惹かれるように進んできた。そして私の稚拙な論文に常に寛容に的確な指摘を加えて頂いた。先生との出会いとご指導がなければ論文の完成もなく、また今日の私もありえないと思っている。論文指導を通して先生の深く広い福祉のこころに接することもできた。これらの学びを私のこれからの実践に役立て、

あとがき

先生への言い尽くせない感謝に代えたいと考えている。

　そして、この9年間、学費はもちろんのこと目に見えない支えになってくれた家族に感謝する。ありがとう。また、私に人間としての生き方を常に示してくれ、再び大学での学びにより「生きる価値の転換」を図るきっかけをつくってくれた、今は亡き尊敬する父に本書を捧げたい。

　おわりに、本書の出版においては原稿の大幅な遅延で、時潮社の相良景行代表ほか関係者の皆様に多大なご迷惑をおかけした。心よりお詫び致すとともに、本書を世に送り出して頂いたことに感謝申し上げたい。

2006年10月
堀内　啓子

著者略歴

堀内　啓子（ほりうち・けいこ）

1974年　現・国立病院機構長崎医療センター附属看護学校卒業
1981年　厚生労働省看護研修研究センター看護教員養成課程修了
2006年　純心大学大学院人間文化研究科博士後期課程修了
現　在　活水女子大学健康生活学部子ども学科専任講師
　　　　学術博士（福祉）看護師
専　門　医療福祉、基礎看護学ほか
著　書　『社会保障・社会福祉大事典』（編著）、旬報社、2004年
主論文　「長崎県における特定疾患対策事業の現状とその課題―介護保険サービス非該当の在宅膠原病患者の生活状況を通して」（純心福祉文化研究　創刊号　2003年）
　　　　「障害受容―ある膠原病患者の療養生活史を通して」（人間文化研究第2号　長崎純心大学大学院人間文化研究科　2004年）
　　　　「難病患者の経済的負担要因とその影響―膠原病系疾患患者の事例を通して」（純心福祉文化研究　3号　2005年）ほか

難病患者福祉の形成
──膠原病系疾患患者を通して──

2006年10月31日　第1版第1刷
定　価＝3500円＋税

著　者　堀　内　啓　子　ⓒ
発行人　相　良　景　行
発行所　㈲時　潮　社
　　　　174-0063　東京都板橋区前野町4-62-15
　　　　電　話（03）5915-9046
　　　　ＦＡＸ（03）5970-4030
　　　　郵便振替　00190-7-741179　時潮社
　　　　URL http://www.jichosha.jp
　　　　E-mail kikaku@jichosha.jp

印刷所　㈲相良整版印刷
製本所　仲佐製本所

乱丁本・落丁本はお取り替えします。

ISBN4-7888-0610-X

時潮社の本

アメリカ　理念と現実
分かっているようで分からないこの国を読み解く
瀬戸岡紘著
Ａ５判並製・282頁・定価2500円（税別）

「超大国アメリカとはどんな国か」――もっと知りたいあなたに、全米50州をまわった著者が説く16章。目からうろこ、初めて知る等身大の実像。この著者だからこその新鮮なアメリカ像。

実践の環境倫理学
肉食・タバコ・クルマ社会へのオルタナティヴ
田上孝一著
Ａ５判・並製・202頁・定価2800円（税別）

応用倫理学の教科書である本書は、第1部で倫理学の基本的考え方を平易に解説し、第２部で環境問題への倫理学の適用を試みた。現行の支配的ライフスタイルを越えるための「ベジタリアンの倫理」に基づく本書提言は鮮烈である。

国際環境論〈増補改訂〉
長谷敏夫著
Ａ５判・並製・264頁・定価2800円（税別）

とどまらない資源の収奪とエネルギーの消費のもと、深刻化する環境汚染にどう取り組むか。身のまわりの解決策から説き起こし、国連を初めとした国際組織、ＮＧＯなどの取組みの現状と問題点を紹介し、環境倫理の確立を主張する。ロング・セラーの増補改訂版。

大正昭和期の鉱夫同職組合「友子」制度
続・日本の伝統的労資関係
村串仁三郎著
Ａ５判・上製・430頁・定価7000円（税別）

江戸時代から昭和期まで鉱山に広範に組織されていた、日本独特の鉱夫たちの職人組合・「友子」の30年に及ぶ研究成果の完結編。本書によって、これまでほとんど解明されることのなかった鉱夫自治組織の全体像が明らかにされる。

時潮社の本

中国のことばと文化・社会

中文礎雄著
Ａ５判並製・352頁・定価3500円（税別）

中国5000年にわたって脈々と伝え、かつ全世界の中国人を同じ文化に結んでいるキーワードは「漢字教育」。言葉の変化から社会の激変を探るための「新語分析」。この２つのユニークな方法を駆使して中国文化と社会を考察した。

〈06年10月刊〉社会的企業が拓く市民的公共性の新次元（仮）

粕谷信治著
Ａ５判並製・予価3500円（税別）

近代社会事業の形成における地域的特質
―― 山口県社会福祉の史的考察 ――

杉山博昭著
Ａ５判函入り上製・384頁・定価4500円（税別）

日本における社会事業形成と展開の過程を山口県という地域において捉えた本書は、数少ないという地域社会福祉史研究である。著者は、先達の地道な実践と思想を学ぶことから、優れた社会福祉創造は始まると強調する。一番ヶ瀬康子推薦。

〈近刊〉マルクス疎外論―研究の発展のために（仮）

岩淵慶一著

時潮社　話題の2冊

二〇五〇年　自然エネルギー　一〇〇％　増補改訂版

フォーラム平和・人権・環境〔編〕

藤井石根〔監修〕

A5判・並製・280ページ

定価2000円＋税

ISBN4-7888-0504-9　C1040

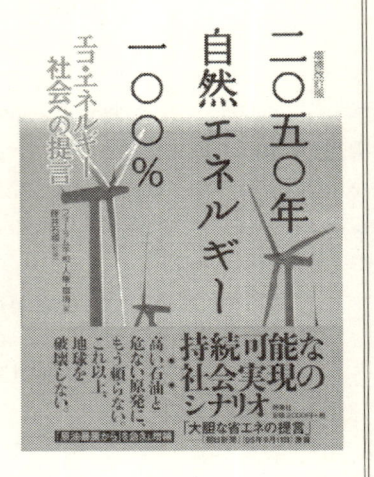

「エネルギー消費半減社会」を実現し、危ない原子力発電や高い石油に頼らず、風力・太陽エネルギー・バイオマス・地熱など再生可能な自然エネルギーでまかなうエコ社会実現のシナリオ。

『朝日新聞』（05年9月11日激賞）

労働資本とワーカーズ・コレクティヴ

白鷗大学教授　樋口兼次著

A5判・並製・210ページ

定価2000円＋税

ISBN4-7888-0501-4　C1036

明治期から今日まで、日本における生産協同組合の歴史を克明にたどり、ソキエタスと労働資本をキーワードに、大企業組織に代わるコミュニティービジネス、NPO、SOHOなどスモールビジネスの可能性と展望を提起する。